INSTALACIONES EN ARQ

*

hidráulicas
sanitarias
eléctricas

INSTALACIONES EN ARQUITECTURA

*

hidráulicas
sanitarias
eléctricas

..........................PEDRO TAPIA GÁLVEZ

Primera edición, 2017
DR © Pedro Tapia Gálvez 2017
Diseño de portada: DSG Luis Enrique Morales Cuéllar

Impresión y distribución a cargo de AMAZON.COM

Dedicatoria:

A mi madre,
doña *María Gálvez Moreno (QEPD)*.
A mi padre,
don *Pedro Tapia Ortega (QEPD)*.

Mis dos grandes amores.

Muchas gracias:
A mi familia por su apoyo
A mi Universidad, la BUAP, de la cual soy orgulloso egresado
Al DSG Alberto Luna Peralta 1er revisor
Al Mtro. Juan Jorge Ayala 2do revisor
A Rubén Tapia Hernández por su paciencia para la revisión y ajuste final de este trabajo

ÍNDICE

INTRODUCCIÓN

Este libro pretende ser útil en las actividades propias de la obra civil, o lo que comúnmente se conoce como el *trabajo de obra*, pero desde el punto de vista de la arquitectura, el cual ciertamente diferirá, cuando menos un poco, por el enfoque de la profesión, del ingeniero civil, del técnico de construcción o de cualquier otro trabajador (profesional o no) de esta importante etapa en la edificación. Principalmente nos referiremos a las instalaciones que tantos dolores de cabeza nos dan en el proceso constructivo.

En algunos casos se propondrán procedimientos de cálculo que pudieran parecer complicados, o demasiado elaborados en el aspecto matemático, por tener que recordar algunos recursos de análisis que probablemente ya hayamos olvidado, o más preocupantemente, que nunca hubiéramos aprendido.

Se ha intentado hacer de cada apartado, una explicación lo más didáctica posible, pretendiendo que el lector sepa de la importancia de desarrollarlo así, y no como tradicionalmente se hace, sólo por criterio. Todas las instalaciones, funcionalidades, aspectos estéticos y demás, necesitan de nuestro cuidado y esmero, ya que cualquier desatención, muy común en la actualidad, se convertirá en una calamidad crónica para quienes habiten ese futuro edificio, y en una muy mala propaganda para nuestro prestigio.

También es relevante indicar que la parte matemática al combinarse con la reflexión arquitectónica y la parte constructiva, se vuelve todo un arte, y siempre ha de requerir de nuestra completa atención. Así que se invita al lector a que intente enfáticamente reflexionar y ¿por qué no? a disfrutar de los incomparables placeres de la ciencia y el arte, aplicados a estas actividades de las tres principales instalaciones de la obra civil: la hidráulica, la sanitaria y la eléctrica.

Instalaciones hidráulicas
De la hidráulica podemos anticipar que habrá de verificarse que las presiones, los diámetros y las potencias, así como las capacidades de los aparatos suministradores sean los adecuados en lo matemático, lo arquitectónico y lo constructivo. Porque de no hacerlo así, las consecuencias son desastrosas por el mal servicio que esto ocasione, descomposturas frecuentes o las insoportables humedades, y con los consabidos gastos extra que habrá que hacer para reparaciones.

Resulta también desalentador encontrar que en la mayoría del territorio nacional aún es común el uso de los tinacos con sus obligadas bombas y cisternas, cuando en otras naciones eso ha quedado casi en el olvido, por la contaminación urbano-visual que esto genera.

Todavía más, quizá pudiéramos pensar que lo moderno debieran ser los hidroneumáticos, que son la opción, y verdaderamente son una mejor propuesta que los tinacos, pero no lo más actual, ya que a últimas fechas se cuenta con las comúnmente llamadas hidropresoras, silenciosas, eficaces y, tal vez por la novedad, demasiado costosas en comparación con las anteriores.

Instalaciones sanitarias

En el aspecto sanitario, frecuentemente se incurre en el inaceptable delito de proponer secciones demasiado angostas, sin siquiera haber revisado el cálculo, promoviendo así que los desalojos se vuelvan lentos, ocasionando atascamientos o taponamientos que a nadie agradan y las humedades que, en este caso y a diferencia de las hidráulicas, son peligrosas por su origen.

No olvidemos que aun cuando nos consideremos suficientemente eficaces en estos trabajos, es necesario tener a la mano tanto los procedimientos matemáticos como nuestro reglamento respectivo en toda ocasión. Y que, por otro lado, no siempre nos veremos en la posibilidad de desarrollar toda la elegancia matemática o de cálculo, ya que generalmente nuestra opinión técnica deberá resolver lo común y práctico.

Por otra parte, ocurren descuidos como el de que los profesionistas y técnicos suponen que las pendientes pueden determinarse a la ligera y frecuentemente decidimos que éstas puede elevarse sin prever subir también el diámetro, y esto lo único que causará es que la tubería se roce demasiado internamente ocasionando a corto plazo su desgaste y su muy pronta inutilización, lo cual puede evitarse aplicando el reglamento y una sencilla revisión de cálculo.

Instalaciones eléctricas

La manipulación de lo eléctrico deberá respetar toda la reglamentación para la seguridad del maestro eléctrico y de los demás operarios que laboren en la misma obra civil, inclusive del cliente que ha de ocupar esa edificación en un futuro cercano. Aquí encontraremos frecuentemente la falta de respeto a los códigos de colores, pero aún más preocupante, calibres menores a los establecidos por la ley, amperajes que sólo anestesian problemas y que por eso son mortales, conexiones que burlan la ley, como las hechas para tres vías en corto circuito, y no por el sistema convencional, por decir lo menos.

En este caso, la parte que más se le complica a los especialistas es la parte de la iluminación interior y exterior, una obligación que se ha olvidado en el transcurso de los años y, preocupantemente por ya muchas generaciones.

Finalmente, la estrategia de ruta y recorrido ha sido un entrenamiento que nunca debió desecharse, aquellas épocas en que la iluminación artificial y la instalación eléctrica eran prácticamente la firma elegante del arquitecto debieran volver; la sociedad lo merece y el arquitecto debe estar a la altura de las circunstancias.

1.1 Introducción

Es un hecho que la mayoría de constructores, desde la etapa estudiantil universitaria hasta los más avezados profesionistas, suponen que cuando nos referimos al cálculo de la "hidráulica", hablamos de situaciones concernientes a tecnicismos intrascendentes que tienen que ver con actividades ingenieriles o, cuando menos, de asuntos que están lo suficientemente alejados de la Arquitectura como para preocuparnos por resolver lo *matemático*; es decir, pareciera que estos problemas debieran solucionarse solos, por algún otro profesionista, o más irresponsablemente, por cualquier trabajador de la obra civil: el maestro albañil, el oficial o, increíblemente, hasta por el mismo *media cuchara*.

Sin embargo, de las decisiones que se tomen a partir del diseño arquitectónico, dependerá en mucho el producto final, la obra civil que habrá de entregarse a la sociedad, sobre la cual impactará positiva o negativamente la calidad en la ejecución de nuestro trabajo. En este apartado buscamos acercar al lector a la práctica profesional de las instalaciones hidráulicas, su aspecto constructivo y la enorme gama de posibilidades arquitectónicas necesarias para entregar al usuario un producto de la más alta calidad y eficacia.

1.2 Tipos de aguas y su tratamiento

El profesional de la Arquitectura está obligado a conocer qué tipos y calidades de aguas hay disponibles para los suministros, así como su tratamiento, ya que en la mayoría de las ocasiones no podremos tener a la mano al especialista que nos asista en tan importante información.

Es conveniente entonces iniciar con algunas preguntas básicas:

1. ¿De dónde se obtiene el agua que llega hasta el lugar en que residimos o construiremos?
- río
- laguna
- subsuelo
- otro lugar (especificar)

2. ¿Llega directamente a nuestra residencia, con o sin algún tipo de tratamiento?
- sí
- no

3. ¿En qué etapa se le aplica tratamiento al agua (si lo hubiera)?
- al inicio
- en algún tramo intermedio
- al final (casi a la entrada de la obra o residencia)

4. ¿Qué profesionista habrá de encargarse del posible tratamiento?
- arquitecto
- ingeniero
- topógrafo
- químico

- otros (especificar)
- nadie

5. ¿Es posible que los problemas anteriores influyan en una mejor ejecución de nuestro trabajo como profesionales de la arquitectura?

- sí (especificar)
- no (especificar)

6. Aun cuando no es nuestra obligación como profesionales de la arquitectura desempeñar las actividades, por ejemplo, del plomero (es más correcto llamarlo *fontanero*, aunque la mayoría no lo acostumbre), ¿considera necesario conocer el proceso constructivo de dicha actividad?

- sí (especificar)
- no (especificar)

7. De todas las etapas en la ejecución de la obra civil, y en relación con las instalaciones hidráulicas, ¿cuál considera que es la parte donde más se descuida el trabajo llamado (equivocadamente) de *plomería*?

- en la elección del material para la toma domiciliaria
- en la decisión del diámetro de la misma (a propósito de esto: ¿hay una sola sección?, ¿o hay más y alguna es la más recomendable?)
- en la instalación de la bomba de agua, en la succión, en el subiente de altura del mismo tinaco
- en el bajante
- en el ramal
- en el olvido actual de los jóvenes profesionistas cuando no previenen el antiguamente temido *golpe de ariete*

8. Si cambiamos de sistema preguntaríamos también ¿qué es lo que más se descuida de la instalación de los tanques hidroneumáticos?

- la alimentación
- la descarga
- la elección del propio tanque hidroneumático (marca, forma, precio)
- la succión
- la elección de la bomba (marca, potencia, precio)

De las decisiones que se tomen a partir del diseño arquitectónico, dependerá en mucho el producto final

Sugerencia: recordemos que continuamente surgen nuevos productos y eso nos obliga a la actualización permanente, al conocimiento, por ejemplo, de los equipos presurizados para tanque elevado (tinaco), o bien para cisterna que, mientras por un lado tienen la ventaja de ser sumamente silenciosos, por otra parte presentan el inconveniente del costo que a precios actuales deben costar casi el triple de un hidroneumático. (De estos dos últimos productos han surgido, tal vez temerariamente, procedimientos o muy *resumidos* o *excesivos* en los resultados que arrojan y que se venden frecuentemente de forma clandestina, sin que nadie se haga responsable de la calidad de dichos procedimientos).

Invitamos al lector para que antes de iniciar cualquier instalación, conozca las mejores opciones que existen en el mercado y sus más acertadas respuestas científicas.

9. ¿Cómo afectaría a la instalación el agua con algunos de los siguientes problemas?
- aguas duras
- aguas ácidas
- aguas sucias
- otras aguas (especificar)

10. ¿Cuál es el material más recomendable para instalaciones y por qué?
- fierro galvanizado
- cobre (qué tipo)
- PVC (¿puede usarse para agua caliente?)
- otro material

11. ¿Todas las conducciones o tuberías deben ser circulares?
- especificar el material

Respondiendo someramente a las preguntas planteadas, diremos que:

1. La mayoría de las aguas se extraen del subsuelo, dichas aguas son *saladas*, o más adecuadamente llamadas *aguas duras* o *pesadas*, las cuales deberán tratarse como se refiere en la siguiente tabla. Sin embargo, en algunas zonas del norte del país se usan aguas superficiales de ríos, lagunas, etc. Éstas presentan el problema de mucha carga de oxígeno, que potencialmente oxidaría algunos tipos de material ferroso (como el fierro galvanizado); lamentablemente continúa en uso por su bajo costo.

Tabla 1. *Tipos de aguas*

Defecto	Causa	Efecto	Corrección
Dureza	sales y calcios, (corrientes subterráneas)	Obstrucción, destrucción, nocivo para lavado de ropa y preparación de alimentos	Intercambio de iones (zeolita)
Corrosión	Acidez (arrastre de oxígeno y anhídrido carbónico)	Obstrucción, herrumbre, destrucción de tubos de latón	Aumentar alcalinidad
Solución	Contaminación por aguas residuales	Obstrucción enfermedades	Adicionar cloro
Color	Hierro y magnesio	Mancha en ropa	Precipitación
Sabor y olor	Materia orgánica	Desagradable	Filtración
Enturbiamiento	Limo o materia arrastrada	Desagradable	Filtración

Fuente: elaboración propia con base en Charles Merrick Gay *et al.* (1982). *Instalaciones en los edificios*. Barcelona: Gustavo Gili, p. 23.

2. En teoría, todas la aguas deberían llegar tratadas antes de su ingreso a cada domicilio, pero hemos comprobado lastimosamente que no siempre es así de manera integral, por lo que habrá que investigar su procedencia.

3. Los tratamientos de agua casi siempre son al inicio del suministro, aunque no estaremos exentos de dar soluciones en la cisterna de cada usuario, excepcionalmente lo haremos en la bajada, inmediatamente después del tinaco.

4. Naturalmente quien se encarga de solucionar cualquier problema de obra civil es el arquitecto, con la obvia asesoría de un especialista si es que el caso lo requiere.

5. Definitivamente presentaremos mejores soluciones en la ejecución de una obra si conocemos perfectamente las respuestas anteriores; por el contrario, su desconocimiento o negligencia arrojará problemas como la obstrucción de las tuberías después de pasar por el calentador cuando sean aguas duras (un mal común en México), o la oxidación de los mismos tubos cuando se trate de aguas superficiales.

6. Hay un viejo refrán que dice: *para saber mandar hay que entender cómo se hacen las cosas*, esto es, si no comprendemos la mecánica o el procedimiento de un trabajo u obra, difícilmente sabremos instruir y dirigir a nuestros oficiales, plomeros (fontaneros), albañiles. Y exigir que cada parte del proceso de construcción sea en estricto apego a la normativa.

7. Son varios los aspectos que deben cuidarse cuando determinamos las características de la plomería en la construcción. El más inmediato es elegir apropiadamente la potencia de la bomba, ya que ésta estará en relación al número de habitantes, al tipo de edificio, al recorrido, distancia, etc. De aquí pueden derivarse algunos yerros, como puede ser diámetros escasos, principalmente el que se ubica en el tramo de la succión, entre la pichancha y la bomba, la cual, por cierto, a veces malintencionadamente, se deja con la sección mínima para provocar que la bomba se esté quemando crónicamente; lo que se pudo evitar perfectamente recordando que ese tramo es inmediatamente superior (en diámetro) al del subiente, es decir, el que va desde la bomba hasta descargar al tinaco.

8. El descuido principal en los tanques hidroneumáticos es el ciclaje de bombeo, obligando a este equipo a arrancar varias e innecesarias veces durante el día. Además de que una gran mayoría de los constructores desconoce su funcionamiento, suponiendo equivocadamente gastos excesivos en la corriente eléctrica, cuando dicho problema puede solucionarse con un adecuado cálculo de las necesidades a considerar.

Por otra parte, el *hidropesor* es un producto relativamente nuevo en el mercado, y hasta cierto punto costoso, sin embargo, esto es común en nuestro medio, tal vez a corto plazo se abarate y pueda ser accesible a la mayoría de la población.

9. En la tabla 1 se detallaron ya los perjuicios que ocasionan los distintos tipos de agua, señalaremos los más comunes en el país: las aguas saladas provocarían cálculos biliares, dañarían la dentadura, causan caída del cabello; cuando dichas aguas salen del calentador generarán a corto plazo mucho salitre, ocasionando obstrucción en la tubería al adherirse a las paredes internas de dicho tubo.

Sugerencia: de acuerdo con la tabla 1, y a grandes rasgos, podemos comentar lo siguiente: en la región central del país casi siempre encontraremos como problema las aguas duras y las contaminadas. Por tanto, es recomendable estudiar con el mayor cuidado el tipo de agua que deberemos conducir. Estas aguas casi siempre deberán pasar por algún aparato (calentador) que eleve su temperatura, trayendo con ello consecuencias desastrosas como las de formar una especie de minerales que se incrustarán en el perímetro interno del tubo, disminuyendo la sección de éste, con los resultados obvios de que a muy corto plazo nuestra propuesta de tubería no cumpla con el mínimo funcionamiento, ya que un diámetro o sección disminuido puede, seguramente, provocar que nuestra bomba esté realizando un mayor esfuerzo para conducir el agua a los destinos establecidos, provocando con ello que el aparato se queme o produzca efectos como un excesivo consumo de energía eléctrica.

10. Aunque es más caro, indudablemente se recomienda el cobre, y con todo y que el CPVC es muy barato y no ha mostrado fallas, es un producto nuevo en comparación con la infalibilidad milenaria del mencionado cobre.

11. El uso de la tubería circular es barato y accesible, pero debiéramos estar preparados para ofrecer a nuestro usuario alternativas como la conducción de agua de forma reticular, con sólo algunos despejes algebraicos de la fórmula matemática respectiva, y así utilizar lo que esté a la mano como tabique, block o cualquier material de la región, preferentemente auxiliándose de otros especialistas.

1.3 La toma domiciliaria

¿Qué es una toma domiciliaria?

Es el primer enlace que tenemos con el suministro de la tubería general, y está conectada a la red de distribución mediante: una abrazadera o brida (generalmente son de materiales plásticos rígidos); llave de inserción de igual material u ocasionalmente de bronce; tubería flexible (plástica); llave de cuadro de banqueta en bronce; tubería rígida de cobre o similar; medidor o contador de agua; algunas veces llave de nariz y llave de flotador para descargar a una cisterna, normalmente todo esto se hace en un diámetro de ¾".

En el siguiente croquis general se muestran los elementos que integran la toma domiciliaria, conformados por:

1. Red de distribución
2. Abrazadera o brida
3. Llave de inserción
4. Manguera flexible
5. Llave de cuadro de banqueta
6. Tubería rígida
7. Medidor o contador de agua

8. Llave de nariz
9. Flotador

Gráfico 1. *Toma domiciliaria*

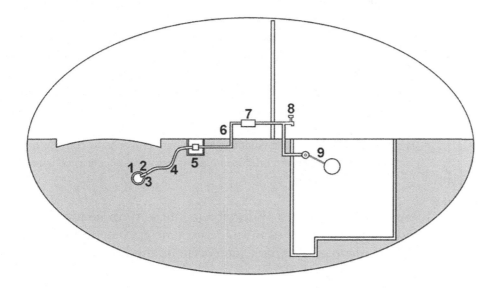

Sugerencia: si consultamos con los especialistas, podremos tener mucha mayor claridad, en el sentido de que nos expliquen qué función tienen los siguientes elementos y cuáles son los materiales de que están hechos en el mercado, así como su diámetro más comercial. No olvidemos que el profesionista de la Arquitectura se desenvuelve en un ambiente por demás interesante, en donde deberemos conjugar no solo los conocimientos relacionados con el arte y la estética, sino con otras partes interesantes de la Arquitectura que habrán de estar muy relacionadas con la ejecución de la obra, es decir ese trabajo tan apasionante que se tiene que llevar en *el sitio*.

1.4 El metro de columna de agua

Cualquier texto donde se trate el tema del agua puntualizará el asunto del peso de la misma, y ya que habremos de conducirla a través de los tubos, deberemos comprender lo más exactamente posible este concepto, pues de esto depende junto con la propuesta del recorrido, que logremos una adecuada instalación.

Consultando con los expertos del área para auxiliarnos en temas como la relación existente entre el peso de un metro de columna de agua y la constante numérica **p = 0.1 h**, así como el enlace con otras fórmulas matemáticas, tanto de la hidráulica como en otras ramas de las instalaciones, vamos a revisar su forma matemática condensada en la fórmula $\mathbf{p = 0.1\ h\ kg/cm^2}$.

Debemos recordar que esta actividad debe apoyarse en varios libros, manuales y reglamentos, así como en el intercambio de opiniones con los peritos del área para que, ya sea visitando en el sitio la obra civil, viendo diapositivas o fotografías, analizando gráficas, entre otros apoyos, podamos encontrar soluciones de calidad.

Explicaremos a continuación de forma gráfica el comportamiento del peso de un metro de columna de agua que, para mayor entendimiento, se desarrollará usando dos tipos de unidades.

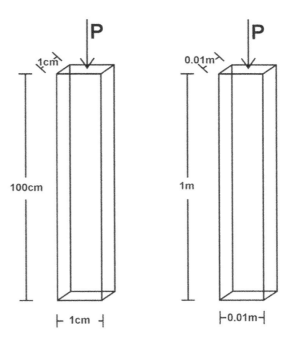

Área de la figura 1
1 cm x 1 cm = 1 cm^2
Volumen de la figura 1
1 cm^2 x 100 cm = 100 cm^3

Área de la figura 2
0.01 m x 0.01 m = 0.0001 m^2
Volumen de la figura 2
0.0001 m^2 x 1 m = 0.0001 m^3

Ambas figuras representan exactamente el mismo volumen, sin embargo, la 1 está en centímetros y la 2 en metros. Y simulan una hipotética columna de un metro de altura (o 100 centímetros) y una cara de 0.01 metros por 0.01 metros (o un centímetro por un centímetro). La reflexión algebraica que haremos se desglosa así:

• El valor de la **P** indicado en la flecha es la *presión* ejercida sobre la columna de agua.

• Desechando el rigor de los conceptos físicos, que se refieren a la temperatura del medio ambiente y a la altura sobre el nivel del mar, podemos aceptar que un litro de agua pesa aproximadamente un kilogramo, es decir:

1 L = 1 kg

• También, y con las reservas señaladas, concluimos que un metro cúbico contiene aproximadamente 1,000 litros.

1 m^3 = 1,000 L

• Por lo tanto, mil litros pesarán 1,000 kg.

1,000 L = 1,000 kg

Ahora bien, utilizando las dos columnas de agua representadas en las figuras 1 y 2, concluiremos lo siguiente:

Podemos multiplicar los 0.0001 m^3 con los 1,000 kg, obteniendo:

1,000 kg x 0.0001 m^3 = 0.1 kg

• Considerados como la **P** de la figura 1, que está aplicada en la cara de 1cm x 1cm:

P = 0.1 kg /1 cm x 1 cm =

P = 0.1 kg/cm^2

• Que a su vez toma en cuenta el recorrido de una distancia vertical o altura **h**

P = 0.1 h kg/cm^2

O simplemente **P = 0.1 h** (Becerril, 1997)

•Si despejamos, tenemos que:

h = 10 p

Vemos entonces que **P = 0.1 h** sólo se refiere a que cada vez que tengamos una distancia en metros, vertical u horizontal, ésta podrá convertirse a presión en **kg/cm^2** (utilizando la ya mencionada **P = 0.1 h**), y viceversa, si tenemos una presión en **kg/cm^2,** podremos transformarla con la fórmula **h = 10 p** en una distancia vertical u horizontal en metros.

En las siguientes páginas se mostrarán continuamente estas útiles expresiones matemáticas en distintos ejemplos.

1.5 La longitud equivalente

Es también usual que en el desempeño profesional de la Arquitectura y de otras carreras afines a la construcción, supongamos que resolver cualquier aspecto técnico (en este caso de la instalación hidráulica), no requiera que nos detengamos a reflexionar desde el punto de vista matemático la respuesta correcta. Pensemos, por ejemplo, que en el recorrido de la tubería, únicamente se deba tomar en cuenta la distancia real (enorme error), como si las pérdidas por fricción o el uso de codos, tees, reductores (por citar sólo varios aspectos que afectan a dicho recorrido) no tuvieran la mínima importancia, o también como si una errónea propuesta de la tubería con demasiadas vueltas que, además de innecesarias y costosas (al usar piezas especiales como codos y demás variaciones), no nos generaran otra cantidad más de pérdidas. Las que habrán de traducirse en un costo más, a la ya de por sí onerosa actividad de construcción.

Un problema muy común en nuestro ambiente profesional es que varios constructores suponen que se deben realizar recorridos de los tubos siguiendo las formas de los muros (o en la azoteas seguir el contorno de los pretiles, por ejemplo); según estos inexpertos constructores, para que dicha tubería *no se vea* o se esconda. Típico error.

Si la ejecución de estas instalaciones se realiza todavía en *obra negra*, no existe absolutamente ninguna razón para cometer tal despilfarro, ya que toda esta tubería quedará cubierta o *escondida* con los demás materiales y acabados; más aún, en la azotea (o en los mismos entrepisos) deberemos recordar que los tubos de agua pueden ir colados dentro de la misma losa, obviamente después de haber hecho las suficientes pruebas de hermeticidad, para evitar las posteriores (y lamentablemente comunes en nuestro medio) humedades, las cuales —por cierto— son excesivamente costosas en su reparación. Entonces, para avanzar en este tema, seguiremos dos recomendaciones:

a) El recorrido deberá ser lo más corto posible desde, por ejemplo, una bomba hasta un tinaco.

b) Evitaremos el uso en exceso de piezas especiales como las ya mencionadas *yees, tees,* codos, y otras, es decir, trataremos de que nuestra propuesta de recorrido de instalación no tenga tantas vueltas o desviaciones que, como ya se dijo, además de innecesarias y costosas, provocan un daño aún mayor como las pérdidas de carga, lo cual provoca que debamos utilizar un diámetro o sección mayor de lo acostumbrado, ya que la bomba también haría un mayor esfuerzo por causa de un recorrido grande. Otras consecuencias: la bomba tendría que ser de mayor potencia, mayor gasto en tubería y permanente uso de energía eléctrica.

> **Sugerencia**: se recomienda para este apartado la consulta del libro *Instalaciones en los edificios* de Charles Merrick Gay, op. cit., p. 39, tabla 3.5. "Equivalencia de las pérdidas de carga por accesorios en metros de tubo recto". Así como contar por lo menos con la información que va desde sus páginas 36 hasta la 41 para la consulta de tablas, gráficas y figuras.

Es recomendable que junto con el experto correspondiente intentemos resolver el siguiente ejercicio.

Cuáles son las longitudes equivalentes para:

1. Diámetro ¾", 8 codos de 90^0 y 3 codos de 45^0. Las medidas se indican en la figura 3.

Figura 3

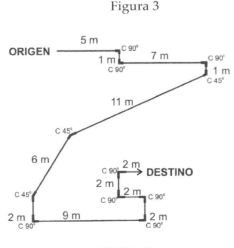

FIGURA 3

La figura está vista en planta, además de que es obvio que en esta primera pregunta se tiene un recorrido intencionadamente con demasiadas e innecesarias vueltas. Sin embargo, en un isométrico podría comprobarse que, por un mal proyecto arquitectónico, entre otras razones, generalmente tendremos mucho más recorrido y/o desviaciones que nos obligarían a utilizar un diámetro mayor, una potencia de bomba más grande, etcétera, que habrán de resultar en un costo elevado de la instalación. También es importante comentar que en nuestra profesión, como lamentablemente en otras más, el comportamiento de la corrupción se presenta con desafortunada frecuencia, y es posible que el plomero no ponga la suficiente atención o incluso, ¿por qué no?, coloque a la bomba recorridos innecesarios (vueltas o desviaciones) y un menor diámetro, para generar problemas crónicos en la instalación y obligar con ello a su frecuente contratación para la reparación. Lo más recomendable será siempre poner la suficiente atención en cada parte del proceso de instalación.

Respuesta:
a) **Longitud real (lr)** = 5 + 1+ 7 + 1 + 11 + 6 + 2 + 9 +2 + 2 + 2 + 2 = **50.00 m**
b) **Longitud por pérdidas (lpp)** = 8 C 90° = 8 x 0.75 = 6.00 m
$\qquad\qquad\qquad$ 3 C 45° = 3 x 0.45 = 1.35 m (Gay, *et al.*, 1982: 39)
$\quad$ La suma de ambos da 7.35 m
c) **Longitud equivalente (le)** = 50.00 m + 7.35 m = **57.35m**

De este y varios temas más podríamos destacar muchas peculiaridades, como por ejemplo, que al anterior ejercicio le faltarían piezas especiales como las válvulas de compuerta, reductores, más ramales. O bien que si se origina en algún lugar, seguramente debiéramos considerar el uso de una bomba centrífuga, y con ello un cambio de diámetros (el tramo de la succión se recomienda mayor que el del subiente). Todo esto ocasionando una mayor pérdida de carga, la cual repercutiría en un diámetro mayor, el cual implica otros problemas los cuales no abordaremos ahora para no distraernos de los objetivos establecidos en esta etapa. Más adelante veremos varios proyectos completos donde tengamos una visión general de este tipo de instalaciones, además de que no debemos olvidar que para una mejor comprensión habría que desarrollar, por lo menos, un proyecto arquitectónico donde se pueda vaciar toda la metodología matemática contenida en este libro.

Resolveremos el siguiente ejemplo en la Figura 4, donde hay que hacer notar la diferencia en el resultado de un recorrido que no tiene tantas vueltas y se tendrá menor cantidad de pérdidas de carga, disminuyendo los costos a un rango mínimo, pero dentro del margen de calidad. Reiteramos: los recorridos cortos y más directos no nos ocasionarán tantas pérdidas de carga. Sin embargo, es erróneo suponer que sólo debe cuantificarse la distancia real; esto es peligroso porque estaríamos forzando la bomba (si se nos permite la comparación, la bomba es como el corazón, al que si le corresponden arterias demasiado angostas seguramente infartará), sin considerar la longitud equivalente, y es que al considerar sólo la distancia real estamos dejando fuera un recorrido que, si bien no existe físicamente, está presente en todas esas vueltas y desviaciones. Debemos pervenir por lo menos el mínimo de ellas para evitar una excesiva pérdida de carga por rozamiento.

2. Diámetro de 1″, 1 codo de 45° y 2 codos de 90°:

Figura 4

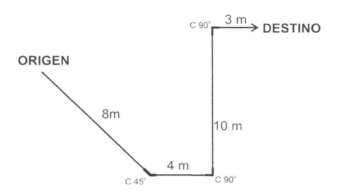

Respuesta:
a) **Longitud real (lr)** = 8 + 4 + 10 + 3 = **25.00 m**
b) **Longitud por pérdidas (lpp)** (vése Tabla 2)
　　　　　2 C90° = 2 x 0.90 = 1.80 m
　　　　　1 C45° = 1 x 0.55 = 0.55 m
　　　　　La suma de ambos resulta 2.35 m
c) **Longitud equivalente (le)** = 25.00 m + 2.35 m = **27.35 m**

Es necesario recalcar en la idea de que el croquis se está viendo en planta, y que seguramente, si lo tuviéramos en isométrico, los recorridos además de ser más claros, estarían con mayor longitud o recorrido de origen-destino.

> **Sugerencia:** revisemos la siguiente tabla y comentémosla con los profesionales de instalaciones. Recordemos que los diámetros más pequeños tienen mayor fricción en sus paredes internas. Seguramente, como ya imaginaremos, esto es perjudicial para la propuesta final de la tubería. Es por esta razón por la que frecuentemente se requiere del servicio del *fontanero* (plomero). Por cierto, en el ambiente de la construcción, donde deberemos revisar no solo este tipo de instalación sino todas las demás como la sanitaria, la eléctrica, el gas y otros, además de todos los aspectos constructivos y arquitectónicos, es reiterada la actitud no sólo de los profesionistas, sino también del cuerpo técnico, albañiles en todas sus modalidades, eléctricos y otros más, que intencionadamente o no, se olvidarán frecuentemente de las normas que rigen nuestra profesión. Conclusión: supervisar más de una vez toda la obra realizada por los trabajadores.

Tabla 2. *Equivalencias de las pérdidas de carga por los accesorios, en metros de tubo recto*

Diámetro (pulgadas)	Codo 90°	Codo 45°	Te Giro de 90°	Te Paso recto	Válvula de compuerta	Válvula de plato	Válvula de ángulo
³/₈	0,30	0,20	0.45	0,10	0,06	2,45	1,20
½	0,60	0.40	0,90	0,20	0,12	4,60	2,45
¾	0,75	0.45	1,20	0,25	0.15	6,10	3,65
1	0,90	0.55	1,50	0,27	0,20	7,60	4,60
1 ¼	1,20	0,80	1,80	0.40	0,25	10,50	5,50
1 ½	1,50	0,90	2,15	0.45	0,30	13,50	6,70
2	2,15	1,20	3,05	0,60	0,40	16,50	8,50
2 ½	2,45	1,50	3,65	0,75	0,50	19,50	10,50
3	3,05	1,80	4,60	0,90	0,60	24,50	12,20
3 ½	3,65	2,15	5.50	1,10	0,70	30	15
4	4,25	2,45	6,40	1,20	0,80	37,50	16,50
5	5,20	3,05	7,60	1,50	1	42,50	21
6	6,10	3,65	9,15	1,80	1,20	50	24,50

Fuente: Elaboración propia basada en Charles Merrick Gay *et al.* (1982). *Instalaciones en los edificios.* Barcelona: Gustavo Gili, p. 39, tabla 3.5.

1.6 La bomba

Tradicionalmente a la fórmula de la bomba se le pueden hacer modificaciones para su presentación matemática. Sin embargo, es costumbre para la instalación doméstica y en lo cotidiano de nuestra actividad profesional en la Arquitectura, trabajarla del siguiente modo:

P = f x h / t x 75 x 0.65

Donde:

P = Potencia de la bomba en caballos de vapor (cv) kg-m/s
h = Altura (o distancia) en metros
t = Tiempo de llenado en segundos
75 = Es un valor constante que equivale a suponer que se eleva un peso de 75 kilogramos de peso, en una distancia (altura) de un metro y un tiempo de un segundo. Por esa razón sus unidades de medición son kg-m/s.
0.65 = Este es un porcentaje, ya que no debe considerarse el trabajo (o rendimiento de la bomba) al 100%, al mantenerse un margen de seguridad se trabajará al 65% que, convertido a las unidades de metros, lo tendremos en 0.65. Se insiste en que la presentación matemática contiene otras versiones, algunas sumamente indigestas para el simple mortal y hasta para el mismo arquitecto.

Por la funcionalidad y eficacia que exige nuestro trabajo como arquitectos, debemos considerar los siguientes aspectos en este rubro:

• Es mejor trabajar con la tubería de cobre, aunque al inicio ésta sea un poco más costosa; a mediano y largo plazo valdrá la pena esa inversión. La mayoría de nuestros proyectos serán resueltos con cobre tipo **M** (el cual se abrevia como **Cu-M**), aunque los hay también en tipo **L** y en tipo **K**, los cuales son idóneos para conducir líquidos más *problemáticos*; sin embargo, estos últimos son para proyectos especiales, generalmente alejados de las obligaciones del arquitecto.

• La tubería de fierro galvanizado, aunque de menos costo al inicio, en corto tiempo se oxidará (herrumbre) y, en una pronta corrosión, deberá reponerse con el consabido gasto. Es muy importante que esto se lo hagamos saber detalladamente al cliente, ya que será muy común que éste no alcance a comprender lo riesgoso de invertir poco en una instalación que deberá reponerse a mediano plazo.

• Aun cuando nuestro cliente tuviera demasiado dinero para invertir en nuestros errores, es decir, en proyectos mal solucionados, de cualquier modo hay problemas relacionados con las pérdidas de carga, presiones atmosféricas, entre otros, que ninguna cantidad de dinero puede arreglar; esto sin olvidar que no es honorable realizar nuestro trabajo de manera irresponsable.

• En nuestros cálculos, como en cualquier actividad similar que implica los análisis matemáticos, debemos trabajar con los márgenes más desfavorables, ya que ello nos permitirá presentar propuestas con amplio margen de seguridad, para lo cual se sugiere consultar con los asesores del ramo.

1.7 Demostración

Tradicionalmente resulta cansada, tanto para el instructor como para el aprendiz, una explicación que esté relacionada con el álgebra y con la matemática en general. Sin embargo, por ahora trataremos de hacerlo en función del aspecto constructivo-arquitectónico que, en cierto modo, hace más amable la parte numérica.

Empezaremos con algunas generalidades acerca de la bomba: "[…] centrífuga. Bomba que consiste en un rotor con aletas que no tienen contacto con la carcasa y que al girar impulsan el líquido merced a la fuerza centrífuga". (*Diccionario Enciclopédico Salvat*, Salvat Editores, 1976, pp. 524-525).

potencia = trabajo / tiempo
Donde el trabajo es = fuerza x distancia

Así que para una instalación de gravedad, a la distancia se le convierte en altura que es representada por la letra **h** por su denominación en inglés, quedando entonces como:

Potencia = fuerza x altura / tiempo

Que simplemente se representa así:

$$P = f \times h / t$$

La potencia de la bomba se trabaja en unidades de caballos de vapor (cv), y su valor universal es de 75 kg-m/seg. Que expresado en palabras simples, quiere decir que *el peso de 75 kilogramos se eleva en una altura de un metro y en un tiempo de un segundo*. Por lo tanto:

$$75P = f \times h / t$$

Despejando dicho valor:

$$P = f \times h / 15 \times t$$

A ningún aparato se le puede considerar con un rendimiento del 100%. Dependiendo del esfuerzo que previamente y de modo aproximado se considere para un edificio. Es decir, si se supone grande o pequeño, se propone en general para vivienda de 65% (consultar las normas respectivas, incluso por regiones):

$$0.65P = f \times h / 75 \times t$$

Que despejando, se tiene:

$$P = f \times h / 75 \times t \times 0.65$$

Repasando:
p = potencia de la bomba en caballos de vapor (cv) en kg–m/s
h = altura (o distancia) en metros
t = tiempo de llenado en segundos
75 = es un valor constante que equivale a elevar 75 kilogramos de peso en una distancia de un metro y un tiempo de un segundo. Por esa razón sus unidades de medición son kg-m/seg.

0.65 = este es un porcentaje, pues no debe considerarse el trabajo al 100% al mantenerse un margen de seguridad, y se trabajará al 65% que, convertido a las unidades de metros, tendremos 0.65, para que de ser necesario se hagan los ajustes algebraicos requeridos. Asimismo, es común que en la consulta de otros autores sus unidades varíen.

Ejercicio 1. Calcular la potencia de una bomba con las siguientes características:
• Para una vivienda de interés social.
• Al tener dos recámaras, consideramos que son 4 habitantes, es decir, dos por recámara.
• El suministro de agua es semanal.[1]
• Proponemos un diámetro de ¾" en Cu-M (cobre tipo *M*). Recordemos que aunque nuestra propuesta de diámetro estuviera errónea, el método *ajusta* el diámetro final, sin tener que regresar a corregir

---

[1] En la actualidad, al haber mayor población y más consumo del vital líquido, así como una actitud ecocida con la tala de montes y, por tanto, la ausencia de árboles, nos ha dejado en la indefensión absoluta para la captación de aguas y el consecuente empobrecimiento de los mantos freáticos. Los gobiernos se han visto en la necesidad de racionar dicho suministro por semana y, en ocasiones, hasta por tiempos más prolongados.

nada, quedando la sección que se indique o proponga en este procedimiento matemático.

• La cisterna la forzaremos a ser de 12 m³ (es el máximo admisible en la normatividad mexicana), con un ancho máximo de 1.20 m y largo de 3.00 m (hallar la profundidad). No olvidemos que en nuestro medio, es común que el cliente nos pida ahorrar al respecto, sugiriendo 4 m³, 6 m³, pero al ejecutar dicha obra deberán contemplarse las modificaciones necesarias.

• Se usará tinaco prefabricado vertical de 1,100 litros, evitemos el innecesario tinaco hecho en obra, ya que normalmente nos acarreará mayores contratiempos que se pueden evitar perfectamente con el tinaco prefabricado.

• El tiempo de llenado lo proponemos de 20 minutos. Esto último se sugiere con base en la experiencia constructiva, sin embargo, en el caso de no tener experiencia, esto se puede resolver perfectamente con el *despeje* de la variable **t** (tiempo de llenado) en la fórmula enunciada; con las potencias comerciales se recomienda generalmente las de ¼ cv, ½ cv, ¾ cv y hasta 1 cv, ya que mayores a éstas son poco comunes en nuestra actividad profesional.

En la siguiente figura, sencilla y teórica (el lector deberá revisar el isométrico de su proyecto arquitectónico para cuantificar todas sus piezas especiales), el recorrido horizontal es de 3.00 m y la altura del edificio de 6.00 m.

Figura 5

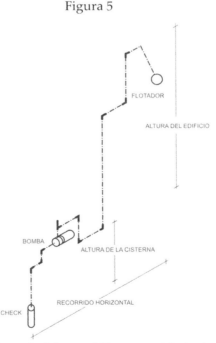

La cantidad de litros/habitante/día para el interés social es de 150 L/h/d (litros por habitante y por día), aunque algunas variantes en este rubro deberán consultarse en las instituciones oficiales (estatales y regionales) correspondientes.

Por lo que:

4 habitantes x 150 l/h/d = **600 L**

Como la dotación es semanal:

600 L x 7 días = **4,200 L (4.20 m³)**

Ambos tipos de operación son imprescindibles en la ejecución de la obra civil.

1.8 Cisterna

Aun cuando la necesidad para esta vivienda es de 4,200 L (4.20 m³), se recomienda al lector *forzar* todavía más el proyecto, es decir, imaginemos que tratamos de convencer a nuestro cliente de que es mejor contar con un mayor volumen de reserva de agua, por las contingencias mencionadas (los suministros municipales de agua a veces pudieran tardar hasta más de siete días o por contingencias de otro tipo), y como lo máximo oficialmente permitido es de 12.00 m³, entonces:

Veamos qué ocurre cuando deseamos saber si es posible obtener el resultado por medio de la raíz cúbica.

$$\sqrt[3]{12.00 \text{ m}^3} = \textbf{2.28 m}$$

Imaginemos que el volumen del agua necesaria requeriría de esta forma (sin considerar el material que le va a contener, es decir, tabique, block, etc.):

Figura 6

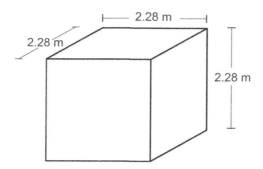

Sin embargo, debido a que el ancho permisible es de 1.20 m, este modelo no nos sería útil, por tanto, probemos otro procedimiento donde es necesario proponer la altura (como denominador), debiendo usar la raíz cuadrada. En este caso queremos conocer los lados suponiendo una altura de 2.50 m. A propósito de esto recordemos que las alturas viables al respecto pudieran variar desde 2.00 m hasta 2.50, y que normalmente no debiéramos excedernos de los 4.50 m:

$$\sqrt{\text{Volumen total requerido} / \text{altura propuesta}} = \sqrt{12.00 \text{ m}^3 / h} = \sqrt{12.00 \text{ m}^3 / 2.50 \text{ m}} = \textbf{2.19 m}$$

Si volvemos a suponer que sólo estamos considerando el volumen de agua (como si estuviese congelada), aún faltaría la altura del flotador de la toma domiciliaria, el ancho de sus muros y sus losas. Entonces se vería de este modo la figura:

Figura 7

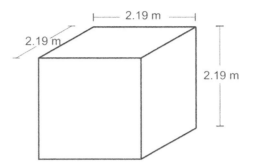

De igual manera, esta figura no se ajusta al ancho máximo demandado de 1.20 m. Es importante aclarar que no resulta tan descabellado hablar de un ancho máximo de 1.20 m para la cisterna, ya que si consideramos que ésta debiese estar separada cuando menos un metro de los muros más cercanos, y recordando que los frentes de terreno de estas viviendas de interés social son inaceptablemente reducidos (incluso hasta de tres metros), entonces estaremos de acuerdo en que no resulta tan absurdo condicionar la estrechez de la cisterna.

Con este tercer método podremos resolver cualquier condicionante de anchura, longitud o altura de una cisterna, sin importar su forma, en los distintos proyectos que resolveremos al ejecutar la obra civil; por lo tanto, se recomienda llevar a cabo este procedimiento todas las veces para evitarnos cualquier contratiempo que más adelante pudiera resultar difícil o costoso de reparar.

Ancho x largo x altura = 12.00 m³
1.20 m x 3.00 m x h = 12.00 m³
3.60 m² x h = 12.00 m³
h = 12.00 m³/3.60 m²
h = 3.33 m

Ahora sí tenemos la forma de la cisterna deseada:

Figura 8

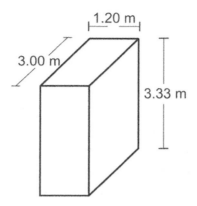

Es obvio que la altura quedó mayor que lo recomendable, pero a cambio se le ofrecen a nuestro cliente 12 m³; y es que si fueran, por ejemplo, sólo 6 m³ para dicha cisterna (que también sería muy recomendable para aprovechar una pipa de suministro de agua completa), las dimensiones serían mucho menores. Los aspectos constructivos, es decir, de cómo quedarían sus medidas finales, es asunto que se resolverá hasta que estemos desarrollando el proyecto constructivo, como pueden ser los tamaños de los materiales con que se construirán, ancho de flotador, entre otros.

Es relevante señalar que ni la Longitud por Pérdidas (lpp) ni la Longitud Equivalente (le) existen físicamente, sin embargo, es obligatorio considerar ambos conceptos, ya que de no hacerlo seguramente la bomba quedará con una capacidad insuficiente y muy seguramente se quemará a corto plazo. La razón de esto es que tantas vueltas en dicho recorrido ocasionan pérdidas de carga por rozamiento, y sería un error tomar únicamente la Longitud Real (**lr**) para el cálculo de la bomba, lo cual es una desafortunada costumbre entre nuestros constructores.

Al recorrido horizontal (ver figura 5) le hemos propuesto 3.00 m y a la altura del edificio 6.00 m, entonces:

Longitud real (lr) = 3.00 m + 3.33 m + 6.00 m = 12.33 m
Longitud por pérdidas (lpp) = 9C90° = 9 x 0.75 m = 6.75 m
1 T de giro de 90° = 1 x 1.20 m = 1.20 m
La suma de ambos = 6.75 m + 1.20 m = 7.95 m
Longitud equivalente (le) = 12.33 m + 7.95 m = **20.28 m**

Una reflexión ya comentada es suponer que la bomba es como el corazón humano, y que sus tuberías simularían las arterias. Por tal razón, un cuerpo enfermo con arterias obstruidas ocasionará fuertes problemas de salud, pues bien, ocurre algo parecido con una bomba erróneamente calculada, con diámetros angostos por suponer sólo distancias reales en el cálculo. Entonces:

Caudal = Q
Q = Volumen de tinaco
Tiempo de llenado (en minutos)
Q = 1100 L = **55 L/m**
Resultado: 20 minutos

Para el uso de tubería de cobre, es importante aclarar que cualquier lectura de gráfica (Gay *op. cit.*: 40) debiera hacerse lo más exacta posible, sin embargo, es muy probable que exista un breve margen de error, por lo que se invita a que se pueda llegar al acuerdo entre el instructor y el aprendiz de que 5% de error hacia arriba o hacia abajo (aproximadamente) sea aceptable, además de las siguientes consideraciones:

El tipo "M" es el de menor calidad de los tres (M, L, y K), sin embargo, es completamente suficiente para la mayoría de la obra civil que realicemos. Recordemos que cuando desarrollemos un trabajo excepcional, donde las necesidades sean diferentes, como por ejemplo llevar por las tuberías elementos distintos al agua y a temperatura ambiente o elevada pero dentro de cierto rango, entonces muy posiblemente no sea suficiente el uso de la tubería en tipo M, sino de mayor calidad (L o K). Pero esto se puede resolver si antes de tomar cualquier decisión revisamos a detalle el reglamento respectivo del lugar donde estemos trabajando y el proyecto a realizar.

Si estamos utilizando otro tipo de material (diferente al cobre), como uno de menor calidad como el fierro galvanizado (fo. go.), deberemos aplicar las recomendaciones de la figura 13 (Gay, *op. cit.*).

Comúnmente se debe leer la figura correspondiente en el eje de las ordenadas al caudal, el cual se recorre horizontalmente hasta intersectarlo (cortarlo) con la recta del diámetro respectivo (propuesto en pulgadas) para que desde ese punto (donde también se ve la velocidad en m/s) que resultó de la intersección, podamos desplazar otra recta, pero ahora verticalmente hacia abajo para leer la presión (en kg/cm²) en la parte inferior (eje de las abscisas).

Sin embargo, esto (dentro del Reglamento) nos otorga un diámetro grande, el cual es innecesario si preferentemente intersectamos el caudal con la velocidad (para leer el diámetro y la presión), siempre y cuando la velocidad no exceda de los 3.00 m/s, o bien en la lectura la presión no rebase los 5.00 kg/cm².

Si hemos excedido los 5.00 kg/cm² en la presión, entonces la lectura deberá llevarse a cabo con el caudal que horizontalmente se desplaza para cortarse con la recta vertical (proveniente de la presión en 5.00 kg/cm²), y en ese punto encontrar los valores del diámetro y de la velocidad. Esto nos permitirá ofrecer economía y calidad a la clientela, ya que del modo tradicional (cuando se cortan el caudal y el diámetro) los diámetros son adecuados y dentro de la normatividad, pero usualmente más caros por ser de considerable sección. Nuestra figura se verá de esta manera:

Figura 9

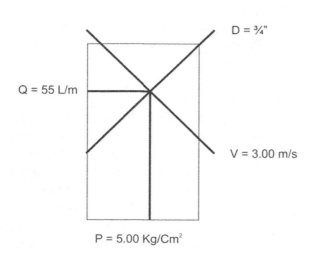

D = ¾"

Q = 55 L/m

V = 3.00 m/s

P = 5.00 Kg/Cm²

Ambas leyes, tanto velocidad (V = 3.00 m/s), como presión (P = 5.00 kg/cm²) son las máximas admisibles que, aunque trabajando al tope, nos permiten estar dentro de los reglamentos y con una propuesta económica y de absoluta calidad.

En el caso de la pérdida de carga por rozamiento (kg/cm² por 100 m de tubería) debemos realizar la equivalencia en 100.00 m:

100.00 m ——————— 5.00 kg/cm²
20.28 m ——————— X
x = 1.014 kg/cm²

Recordemos la demostración del *metro de columna* de agua, donde encontramos que P = 0.1 h y que por eso h = 10 p, entonces:

h = 10 (1.014 kg/cm²) = 10.14 m

El resultado final de cada etapa es aceptable (cuando menos) hasta las centésimas, por lo que al sustituir h = 10 (1.014 kg/cm²) fue necesario utilizar hasta la milésima, para lograr rescatar (después de la multiplicación por 10) el número 4 de esa milésima de 10.14 m.

Comúnmente el calculista incurre en el error de considerar también los desplazamientos horizontales, se insiste en que únicamente son las distancias verticales o alturas.

H = 3.33 m + 6.00 m + 10.14 m = 19.47 m

Se recomienda al aprendiz discutir con el instructor todas las posibilidades algebraicas para ayudarnos a entender cómo podemos proponer los tiempos de llenado, despejando de la forma original de la bomba, el tiempo **t**, y dividiendo después por 60, para hallar el valor en minutos (recordemos que la fórmula original trabaja este valor en segundos). O bien preguntando a nuestros instructores y proveedores sobre las potencias y marcas comerciales de las bombas. Así:

$$P = \frac{f \times h}{t \times 75 \times 0.65}$$

Sustituyendo:

$$P = \frac{1,100 \text{ L} \times 19.47 \text{ m}}{(20 \times 60) \times 75 \times 0.65} = \mathbf{0.36 \text{ cv}}$$

Lo que equivale a decidirse por una bomba de 1/2 de cv (por ser el valor más cercano al obtenido de 0.36 cv).

Ejercicio 2

• Para una vivienda de interés medio.

• Al tener cuatro recámaras, consideramos que son 8, es decir, dos por recámara.

• El suministro de agua será semanal, para una cisterna también de 12 m³, con 2.50 m de ancho y 3.00 m de largo (hallar la profundidad). No olvidemos que en nuestro medio es común que el cliente nos pida ahorrar al respecto, sugiriendo 4 m³, 6 m³, por lo que al ejecutar dicha obra deberán contemplarse las modificaciones necesarias.

• Se usará tubería de fierro galvanizado (fo. go.) de 1″ (25 mm), el cual no se recomienda en el ejercicio profesional real, aquí lo ejemplificamos para que el lector entienda cuál es la gráfica a utilizar en caso de que nos viéramos en la obligación de usar este material (fo. go.) tan barato y, por ello, tan efímero. Se usará tinaco prefabricado vertical de 1,100 litros (evitemos el innecesario tinaco hecho en obra, ya que normalmente nos acarreará mayores contratiempos).

• Los tinacos son 2, prefabricados en 1,100 litros, sin requerir la separación de los flotadores, es decir, con uno solo para los dos, si es que se usa un solo bajante. En la figura siguiente el recorrido horizontal es de 3.50 m y la altura del edificio es de 6.50 m.[2]

• No olvidemos que si generalmente lo que se busca en la cisterna es la altura, esto no nos obliga a que la incógnita a resolver pueda ser cualquiera de los otros lados, es decir, el ancho o el largo de la cisterna.

• El tiempo de llenado es de 25 minutos.

---

[2] En la práctica profesional no todo es tan esquemático, pues la mayoría de la población no puede acceder a la compra de vivienda de interés medio ni alto. ¿Cómo nos influye esta condición socioeconómica como responsables de la ejecución de la obra civil? En atención a la ética de nuestra profesión, es claro que ningún aspecto de la construcción nos debe limitar para entregar un producto final de calidad al cliente, así como el debido esmero en la ejecución, sin que nos condicione si es un edificio para interés social, medio o alto.

Figura 10

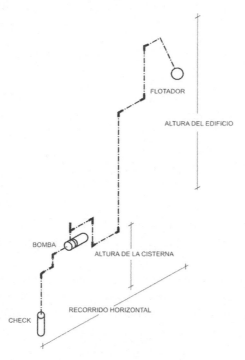

La cantidad de litros/habitante/día (L/h/d) para el interés medio puede ser variable por región; se recomienda revisar siempre los reglamentos correspondientes por entidad, ciudad, municipio, así como consultar las posibles variantes establecidas por las instituciones oficiales. En este caso elegiremos la mediana de 200 L/h/d.

Por lo que:

8 habitantes x 200 l/h/d = **1,600 L**

Como la dotación es semanal:

1,600 L x 7 días = **11,200 L (11.20 m³)**.

> **Sugerencia**: es conveniente manejar ambos tipos de resultados: son imprescindibles en la ejecución de la obra civil.

Aunque la necesidad para esta vivienda es de 11,200 L (11.20 m³), recomendamos al lector *forzar* aún más el proyecto; es decir, contar con un mayor volumen de reserva de agua, por las contingencias ya mencionadas (los suministros de agua municipales pudieran tardar hasta más de siete días).

Como lo máximo oficialmente permitido es de 12.00 m³, el modo infalible de resolver esta situación es por la forma a generar:

Ancho x largo x altura = 12.00 m³
2.50 m x 3.00 m x h = 12.00 m³
7.50 m² x h = 12.00 m³

h = 12.00 m³/7.50 m²
h = 1.60 m

Ahora sí tenemos la forma de la cisterna deseada:

Figura 11

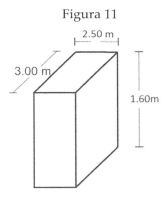

En este caso, la altura quedó ligeramente menor que la comúnmente usada, sin embargo, se recuerda al lector que al ejecutar la obra
civil, el responsable deberá ir ajustándose hacia arriba, nunca hacia
abajo, ya que estos son los mínimos con los que debemos trabajar. Insistimos en que los aspectos constructivos se resolverán hasta cuando
estemos en la posibilidad de decidir los materiales con que se llevará
a cabo la obra.

Al recorrido horizontal (ver figura 5) le hemos propuesto 3.00 m y
a la altura del edificio 6.00 m, entonces:

Longitud real (lr) = 3.50 m + 1.60 m + 6.50 m = 11.60 m

Longitud por pérdidas (lpp) = 9C90° = 9 x 0.75 m = 6.75 m
        1 T de giro de 90° = 1 x 1.20 m = 1.20 m
        La suma de ambos = 6.75 m + 1.20 m = 7.95 m

Longitud equivalente (le) = 11.60 m + 7.95 m = **19.55 m**

Caudal = Q
Q = Volumen de tinaco
    Tiempo de llenado (en minutos)
Q = 2,200 L = **88 L/m**
Tiempo de llenado = 25 minutos

Y seguiremos las fórmulas del ejemplo anterior:
100.00 m ——————— 5.00 kg/cm²
20.28 m ——————— X
x = 1.014 kg/cm²

h = 10 (1.014 kg/cm²) = 10.14 m
H = 3.33 m + 6.00 m + 10.14 m = 19.47 m

$$P = \frac{f \times h}{t \times 75 \times 0.65}$$

Sustituyendo:

$$P = \frac{1,100 \, L \times 19.47 \, m}{(20 \times 60) \times 75 \times 0.65} = \textbf{0.36 cv}$$

Lo que equivale a decidirse por una bomba de 1/2 de cv (por ser el valor más cercano al obtenido de 0.36 cv).

Ejercicio 3. Calcular la potencia de la bomba para una vivienda de interés alto.[3] El tiempo de llenado es de 30 minutos. Utilizar tubería de Cu-"M" en 1" (25 mm). La dotación municipal es por semana. Así que se sugiere que la cisterna sea de 12 m³, pero se tiene algunas desventajas: el ancho sólo puede ser de 2.00 m y el largo de 3.00 m. Los tinacos deberán ser 3 prefabricados de 1,100 litros cada uno, con una sola bajante y, obviamente, un solo flotador.

No olvidemos que este tipo de proyectos no tienen restricciones en lo que respecta al área, los frentes del terreno son suficientemente amplios y como debe haber descargas del drenaje, éste deberá estar a 3 m (mínimo) de distancia de la cisterna, entonces su largo y ancho son menos problemáticos en comparación con los dos ejercicios anteriores.

Recordemos también que, en estos casos, a los clientes ocasionalmente les agradan los tinacos hechos en obra con figuras poliédricas, de sólidos de revolución o formas caprichosas, ante lo cual es imprescindible el conocimiento algebraico de dichas figuras para proponer exactamente las capacidades requeridas, "jugando" con las alturas, radios, entre otros elementos.

Muy probablemente habremos de enfrentar el siguiente problema: es común utilizar (en viviendas de interés alto) más de un tinaco. Frecuentemente encontramos el error (incluso en textos especializados) de que nos presentan la colocación de más de un flotador para descargar agua al tinaco, lo cual es un grave error, ya que si tenemos sólo un bajante (como es lo más común y recomendable), entonces con un solo tinaco que se llene, al mismo tiempo lo estarán haciendo los demás, pues todos los tinacos se encuentran conectados entre sí.

> **Sugerencia:** no actuemos con displicencia en la ejecución de la obra, es decir, si vamos a construir, proyectar (o ambas cosas) a clientes "adinerados", nunca debemos suponer que pueden tomarse decisiones irresponsables. No propongamos mobiliario sanitario muy separado entre sí (por fortuna, la presión atmosférica es sumamente democrática y afecta por igual a pobres y ricos), pues esto redundará en la baja o nula calidad en su vida útil.

---

[3] A propósito: el nombre técnico correcto es *vivienda de interés alto*, no "casa residencial".

1.9 GENERALIDADES
Instalación directa

Este tipo de instalaciones es en la actualidad poco probable de utilizar en la obra civil particular dentro de las ciudades, debido a la despropor-cionada cantidad de habitantes urbanos y al sumamente deteriorado sistema ecológico donde el manto acuífero disminuido y el uso indiscri-minado e irresponsable del vital líquido, entre otras razones, no permi-ten llevar agua de forma directa desde la toma domiciliaria hasta cada uno de los muebles sanitarios. Por razones obvias, en el instante en que el suministro se corta en la red, en ese momento todo el edificio (y la zona completa) se quedan sin agua. Además de otras desventajas que se detallarán en las siguientes páginas.

Quizá en otras épocas, cuando la cantidad de habitantes (o usua-rios) era menor y nuestros bosques o zonas equivalentes que captaban agua garantizaban un mayor y enriquecido manto freático, caudales de ríos, lagos y lagunas, hubiera sido posible la instalación directa. In-tentar hoy este tipo de solución urbana sería poco menos que ingenuo.

De todas maneras, la instalación directa en zonas turísticas o am-plios conglomerados comerciales donde la inversión privada es sufi-ciente, y se cuenta con pozos propios que puedan garantizar determi-nado nivel del manto freático, es posible este tipo de instalación combi-nada con otras medidas de prevención y de solución alterna. Además de que no sólo se plantea como una posibilidad, sino ¿por qué no? hasta como una exigencia del mismo inversionista privado, ya que éste trataría que su servicio (en el ambiente de la competencia) sea de ca-lidad para el usuario, el cual seguramente podría pagar un alto costo para gozar de tal privilegio.

Es necesario aclarar que este tema generalmente debiera ser abor-dado hasta concluir el de los ramales, sin embargo, y para no perder la noción del reciente comentario, resolveremos a continuación este ejer-cicio, para lo cual partiremos del siguiente esquema:

Figura 12

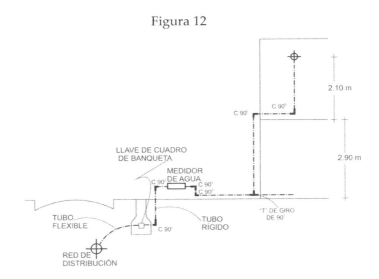

Ejercicio 4. Calcular los diámetros de la siguiente instalación directa con los requerimientos obvios del contador o medidor de agua. Esta es una vivienda de interés social bajo las siguientes condiciones:

- Son 6 servicios mínimos en interés medio.
- El diámetro se propone en 1″ (25 mm) en fo. go.
- La presión municipal es de 4 kg/cm^2 (aunque esto pareciera muy iluso).[4]
- El recorrido horizontal es de 5.00 m.

En la figura, la línea intensa indica la tubería (que obviamente no está a escala pues si estuviese en isométrico se apreciaría con mayor realidad su recorrido y su número de piezas especiales). Aun cuando se buscan los valores de los diámetros, en nuestro análisis deberemos proponerlos para que mediante la revisión matemática verifiquemos si éstos aprueban dicho análisis y dejar los que habíamos propuesto o, por el contrario, rectificarlos. Para esta figura tenemos 6 codos de 90°, 1 T de giro de 90°, un contador de agua y el diámetro se propone en ¾″. No olvidemos considerar los ramales. Hasta ahora se ha hecho referencia a los diámetros de la tubería en pulgadas, una desafortunada costumbre en nuestro medio, y por esa razón así se ha venido haciendo. Sin embargo, deberemos definir las secciones o diámetros en milímetros, ya que así se revisan oficialmente por escrito en toda solicitud o trámite constructivo, y así (en milímetros, evitando usar las unidades inglesas) deberemos presentarlos en todos los planos ante las instancias correspondientes y al ser supervisados por cualquier dependencia oficial.

> **Sugerencia:** para la parte del cálculo del medidor de agua se recomienda la siguiente tabla y su correspondiente gráfica (Gay, *op. cit.*). La primera es la tabla "Caudales que admiten los contadores de agua", donde las dos columnas de la derecha van exactamente debajo de las dos primeras (de la izquierda). En la gráfica "Pérdidas de carga producidas por los contadores de agua" se tiene en el eje de de la "Y" a la pérdida de presión en kg/cm^2, y en el eje de la "X" el caudal en litros/minuto. Las diagonales indican el diámetro en pulgadas que, de nueva cuenta, se recomienda se transformen a milímetros cuando se vacíe la información en el plano.

---

[4] La presión en otro tiempo se llamó municipal, pero en los centros vacacionales, por ejemplo, debiera nombrarse como presión general.

Tabla 3.4. Caudales que admiten los contadores de agua *

Diámetro (pulgadas)	Ensayo normal Límites del caudal (litros por minuto)	Diámetro (pulgadas)	Ensayo normal Límites del caudal (litros por minuto)
½	4 a 75	2	30 a 600
¾	8 a 130	3	60 a 1200
1	11 a 200	4	105 a 1900
1 ½	20 a 375	6	180 a 3800

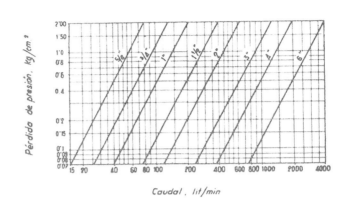

Fig. 3.3. Pérdidas de carga producidas por los contadores de agua. Gráfico reproducido, con autorización, de *Heating, Ventilating, Air Conditioning Guide*, 1953, pág. 1051.

Fuente: *Instalaciones en los edificios* de Charles Merrick Gay *et al.* (1982). Barcelona: Gustavo Gili.

6 servicios mínimos = 6 X 11 UC = **66 UC.** Recordemos que los Servicios Mínimos (SM) constan de un cuarto de baño completo con 6 UC, un lavadero con 3 UC y un fregadero con 2 UC.

Q = 125 L/m

D = ¾" (cuando va desde 8 L/m hasta 130 L/m)
P = 1.50 kg/cm^2 (a partir de aquí el caudal es de 130 L/m)

2.90 m + 2.10 m = 5.00 m
5.00 m x 0.1 = 0.50 kg/cm^2

p = (por Reglamento) = 1 kg/cm^2

P= 1.50 kg/cm^2 + 0.50 kg/cm^2 + 1kg/cm^2 = 3.00 kg/cm^2

Presión disponible = Presión municipal – Presión de edificio
Presión disponible = 4.00 kg/cm^2 - 3.00 kg/cm^2 = 1.00 kg/cm^2

Longitud real (lr) = 5.00 m + 2.90 m + 2.10 = 10.00 m
Longitud con pérdidas (lpp) 6C90° = 6 x 0.90 m = 5.40 m
1 T de giro de 90° = 1 x 1.50 m = 1.50 m
La suma de ambos datos = 6.90 m

Longitud equivalente (le) = 10.00 m + 6.90 m = 16.90 m

16.90m ———————— 1.00 kg/cm²
100.00m ———————— X
X = 5.91 kg/cm²

Caudal de 130 L/m con la presión de 5.00 kg/cm² para encontrar el diámetro y la velocidad (si hubiéramos cortado el caudal con la velocidad tope a 3.00 m/s, la lectura de la presión habría rebasado los 5.00 kg/cm², lo cual no es permisible).

Figura 13

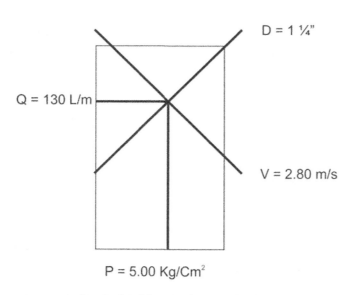

P = 5.00 Kg/Cm²

Instalación por gravedad

La bajada de aguas pudiera parecer algo de tal simpleza o hasta natural, que aparentemente no debiera presentar ningún tipo de problema. Y de hecho es así, pero debemos cuidar ciertos requerimientos que están definidos con precisión en las normas de construcción (diámetros reglamentarios, ubicación estratégica de tinacos o similares, altura de los mismos, entre otros). No se logrará proporcionar un trabajo final de calidad, como lamentablemente se ha vuelto costumbre en nuestro medio, en tanto no atendamos cuando menos las más elementales recomendaciones básicas; normas y reglamentaciones que, por cierto, una gran mayoría de profesionistas y aprendices no tienen costumbre de consultar.

Esta aclaración se hace absolutamente necesaria debido que en nuestra profesión es común encontrar detractores de cualquier obligación o recomendación que nos obligue a estudiar o trabajar un poco más. Es necesario recordar que en la Ley de Profesiones vigente en la República Mexicana está perfectamente establecido a cuál profesionista le corresponde resolver cada asunto en la construcción, por si alguien tuviera dudas al respecto. Esto, claro, sin olvidar que para trabajos muy especializados es importante consultar o hasta delegar el compromiso de los mismos al profesionista indicado para que, por escrito, éste se haga responsable de la parte de la obra que ejecutó.

La figura siguiente nos indica una especie de "tarjeta de cálculo" donde vaciaremos la información para instalaciones en un edificio con 4 niveles o pisos y un suministro, que para este ejemplo se ha determinado se trate de un solo tinaco; aunque el reglamento para un edificio de departamentos especifica que cada uno deberá tener su respectivo tinaco. Sin embargo, para efectos de explicación del procedimiento matemático, se considera un solo suministro de gravedad, donde:

Figura 14

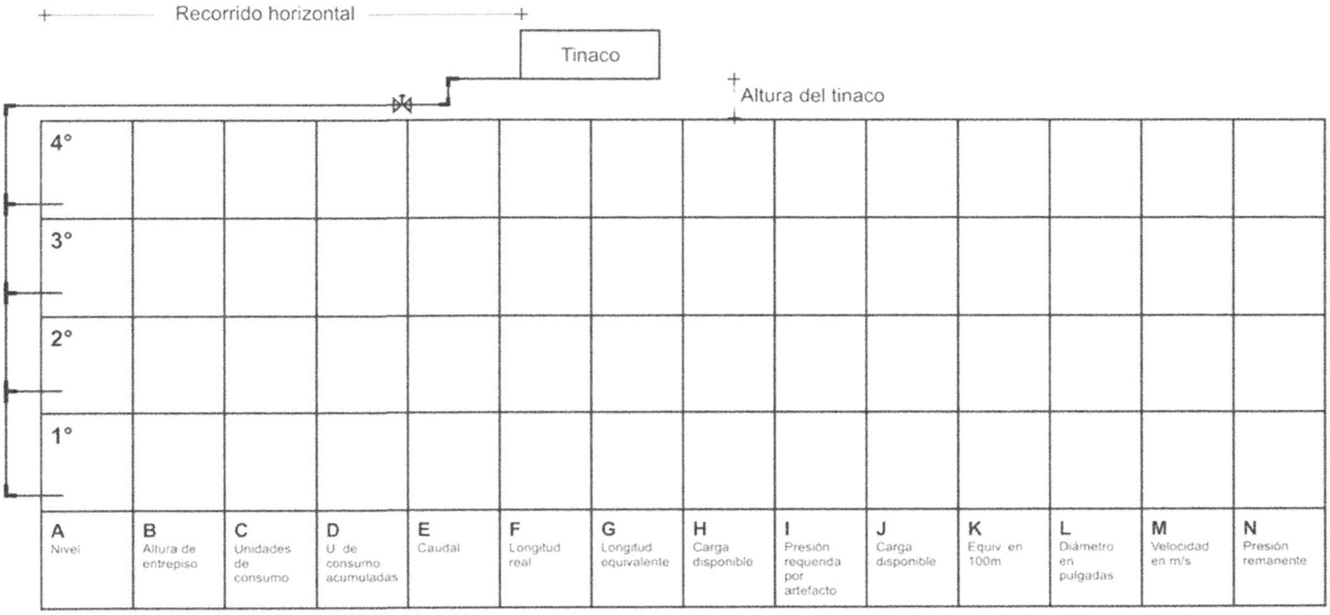

A. Indica el nivel o piso analizado.

B. Se refiere a las alturas de los entrepisos en metros.

C. Total de unidades de consumo uc por nivel o piso.

D. Suma acumulada ascendente de las unidades de consumo uc (del primer al más alto, o último nivel).

E. Transformación de las unidades de consumo a caudal en litros/minuto (Gay *et al.*, 1982: 37).

F. El recorrido real en metros (desde el tinaco, hasta cada uno de los niveles o pisos).

G. El mismo recorrido anterior, pero ahora tomando en cuenta la pérdida de carga por los accesorios en metros de tubo recto (Gay *et al.*, 1982: 39), lo que se conoce como longitud equivalente (le).

H. La carga disponible en kg/cm^2, donde únicamente se toman en cuenta las alturas en metros para su conversión en kg/cm^2, es decir, en peso.

Hemos comentado que para el nivel más alto sólo se considera las alturas en metros, aunque así será si es que no hay ningún mueble sanitario en el recorrido desde el tinaco o tanque elevado hasta el 4º nivel, ya que si fuera éste el caso habría que considerar la necesidad de presión del mueble más fatigado, es decir, el que requiere de mayor presión y sumar la presión de pérdida constante por ramal correspondiente.

Pero hay más, por cada nivel que se analice, se toman en cuenta las presiones que se pierden en el tramo anterior, nuevamente del mueble más fatigado y otra vez la pérdida de presión constante por ramal del tramo, salvo que la presión del mismo piso calculado tenga un mueble que necesite mayor presión que el tramo anterior. Esto es:

I. La presión requerida por cada artefacto en kg/cm², considerando sólo el WC (en tanque o excepcionalmente válvula de descarga), o en muy contados casos algún otro sistema de mayor carga o presión que éste. A cada nivel se le agrega una pérdida de carga constante que en nuestro país es de 0.15 kg/cm², recomendándose otra vez que este concepto se consulte con el instructor especializado, ya que es usual la confusión en este sentido.

J. La presión disponible se refiere a la resta consecutiva de la carga disponible y la presión requerida.

K. La equivalencia en 100 metros de tubería es un concepto que encontraremos en varias ocasiones en el transcurso de las instalaciones hidráulicas, y se trata de comparar por medio de la regla simple la regla de tres, el valor de la longitud equivalente con el de la presión disponible para, de este modo, hallar dicha equivalencia.[5]

L. El diámetro de la tubería en pulgadas (ver gráficas de las pp. 40-41 de la obra citada Merrick Gay, según sean tuberías poco rugosas; por ejemplo, para fierro galvanizado, o las más recomendables en cobre).

M. La velocidad en metros/segundo. No olvidemos que el tope permitido es en 3 m/s.

N. La presión remanente en kg/cm², que para algunos analistas es una reiteración, ya que según su opinión deberían ser suficientes los datos de la columna I (presión requerida por cada artefacto); de todas maneras otros calculistas consideran necesario indicar al estudiantado que esta presión sobrante es la que afecta al piso inmediatamente inferior.

1.10 Bajante (*Hunter*)

Generalmente la mayoría de las personas que se dedican a la actividad constructiva creen que pueden evitar (en peligrosa actitud) el cálculo matemático para la conducción vertical del agua. Y es que como aparentemente nos ayuda ese concepto que conocemos como gravedad, suponemos que con propuestas clásicas, o por criterio, es suficiente. Sin embargo, no debemos perder de vista que la pérdida de carga por rozamiento, en sus diferentes modalidades, nos va a generar enormes disgustos si no prevenimos sus consecuencias. Por ejemplo, si descui-

---

[5] Recordemos que por usar gráficas que en el pie señalan su valor por 100 metros, por esa razón es la equivalencia en 100 m.

damos la altura del tanque de suministro (tinaco, tanque elevado), seguramente destruiremos (o por lo menos desgastaremos prematuramente) los empaques en la mezcladora de cualesquiera de los muebles sanitarios que utilicemos. Eso sin contar con la gran fricción (innecesaria) que ocasionaremos en la tubería, el ruido, desensambles, goteos, humedades, etcétera.

Son varios los procedimientos para resolver el diámetro de la bajada de aguas. El cálculo lo haremos con apego a la norma utilizando las unidades de Hunter.

Para calcular con este método el diámetro de la bajante para un edificio de 4 niveles (ver figura 14):

El diámetro propuesto es de 1″ (25 mm) de Cu-M. Cada nivel tiene 2 departamentos, cada departamento cuenta con los servicios mínimos, los muebles sanitarios respectivos trabajan con tanques de descarga. La pérdida de carga por ramal es constante p = 0.15 kg/cm², el mueble *más fatigado* es el del WC con 0.30 kg/cm² (por ser tanque de descarga). Cada nivel tiene 2.70 m de altura (medidas a ejes vistas en corte). El recorrido horizontal es de 6.00 m y la altura del tinaco de 1.81 m.

Columna C
4º, 3er, 2º y 1er niveles
Servicios mínimos: baño completo = 6 UC (Unidades de consumo)
Lavadero = 3 UC
Fregadero = 2 UC
Total =11 UC
2 departamentos x 11 UC **= 22 UC**

Columna D
Se suman progresivamente del 1er, 2°, 3er, hasta el 4° nivel, iniciando desde 22 UC, 44 UC, 66 UC y 88 UC, respectivamente.

Columna E
Cada uno de los niveles se transforma a L/m, quedando:
1er nivel = 60 L/m
2° nivel = 95 L/m
3er nivel = 125 L/m
4° nivel = 150 L/m

Columna F
4° nivel = 1.81 m + 6.00 m + 2.70 m = 10.51 m
3er nivel = 2.70 m
2° nivel = 2.70 m
1er nivel = 2.70 m

Columna G
4° nivel
Longitud por pérdidas (lpp) 3 codos de 90° = 3 x 0.90 m = 2.70 m
1 válvula de compuerta (vc) = 1 x 0.20 m = 1.20 m

1 "T" de paso recto (tpr) = 1 x 0.27 m = 0.27 m
La suma de los tres valores = 4.17 m
que se suman a la longitud real de 10.51 m **= 14.68 m**

3er y 2° niveles sólo tienen cada uno una tpr y la misma altura:
2.70 m + 0.27 m **= 2.97 m**

1er nivel = 2.70 m + 1 codo de 90° = 2.70 m + 0.90 m = **3.60 m**

Columna H

4 ° nivel únicamente se cuantifican las alturas del tinaco y del entrepiso analizado, para luego convertir el resultado a presión en kg/kg/cm^2.
1.81 m + 2.70 m = 4.51 m
4.51 m x 0.1 **= 0.451 kg/cm^2**

3er, 2° Y 1er nivel = 2.70 m x 0.1 m = 0.27 kg/cm^2
Ramal del nivel inmediato superior = 0.15 kg/cm^2
Mueble *más castigado* o *fatigado* (WC tanque de descarga) = 0.30 kg/cm^2
La suma de los tres valores es = **0.72 kg/cm^2**

Columna I

En cada uno de los cuatro niveles se suman un WC y la pérdida constante por ramal, quedando entonces 0.30 kg/cm^2 + 0.15 kg/cm^2 **= 0.45 kg/cm^2**

Columna J

La presión disponible simplemente se obtiene de la diferencia en cada nivel de las columnas H - I:
4° nivel .451 kg/cm^2 - 0.45 kg/cm^2 = **0.001 kg/cm^2**
3er, 2° y 1er nivel = 0.72 kg/cm^2 − 0.45 kg/cm^2 = **0.27 kg/cm^2**

Columna K

4° nivel
14.68 m————— 0.001 kg/cm^2
100.00 m ————— X
X = 0.0068 kg/cm^2
3er y 2° nivel
2.97 m ————— 0.27 kg/cm^2
100.00 m ————— X
X = 9.09 kg/cm^2
1er nivel
3.60 m ————— 0.27 kg/cm^2
100.00 m ————— X
X = 7.50 kg/cm^2

Columnas L y M

En la lectura de la gráfica se recomienda el mismo procedimiento llevado a cabo en el cálculo de la potencia de la bomba, es decir, el caudal se desplaza horizontalmente hasta cortarse con la velocidad máxima permisible (3.00 m/s), para así leer tanto el diámetro como la presión. Sin embargo, si al hallar la presión, ésta rebasó los 5.00 kg/cm², entonces reiniciamos recorriendo horizontalmente el caudal para que haga intersección con la presión en 5.00 kg/cm² para encontrar la velocidad y el diámetro. Insistimos en que lo tradicional es leer el caudal cortado con la presión, pero recordemos que esto nos arroja diámetros un poco más excedidos, los que no necesariamente pudieran quedar así, si es que hacemos valer el reglamento de los topes de velocidad y de presión, logrando con ello un diámetro de menor en sección y, por ende, en costo.

4° nivel

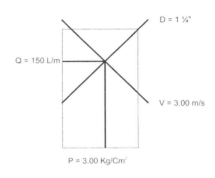

Q = 150 L/m   D = 1 ¼"

V = 3.00 m/s

P = 3.00 Kg/Cm²

3er nivel

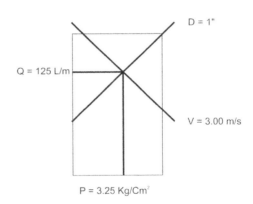

Q = 125 L/m   D = 1"

V = 3.00 m/s

P = 3.25 Kg/Cm²

2° nivel

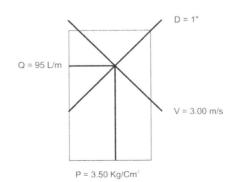

Q = 95 L/m   D = 1"

V = 3.00 m/s

P = 3.50 Kg/Cm²

1er nivel

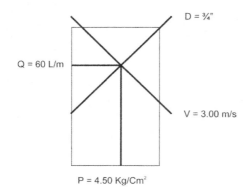

$D = \frac{3}{4}''$

$Q = 60$ L/m

$V = 3.00$ m/s

$P = 4.50$ Kg/Cm^2

El resumen de este cálculo es que desde el más alto al más bajo nivel tendríamos 1 ¼", 1", 1" y ¾", sin que cada propuesta rebase la velocidad de 3 m/s y una presión de 5 kg/cm², lo cual lamentablemente es descuidado en el ambiente de la construcción al proponer secciones escasas, velocidades muy altas y presiones sumamente excedidas.

Veamos ahora un segundo ejemplo con los nada recomendables tubos de fierro galvanizado, con el objetivo de que el lector conozca el modo de utilizar la gráfica correspondiente.

Calcular el diámetro de la bajante para un edificio de 4 niveles:

Se usará tubo de fierro galvanizado (fo. go.). Cada nivel tiene 4 departamentos, exceptuando la planta baja donde hay un pequeño centro comercial con 6 medios baños en válvula de descarga (wc: = 0.50 kg/cm²). Cada departamento cuenta con los servicios mínimos, los muebles sanitarios trabajan con tanques de descarga, la pérdida de carga por ramal es constante p = 0.15 kg/cm², el mueble *más fatigado* es el wc con 0.30 kg/cm² (departamentos). Cada nivel tiene 3.00 m de altura. El recorrido horizontal es de 10.00 m y la altura del tinaco es de 1.55 m.

Por último, revisemos esta propuesta de cálculo para un edificio de mayor complejidad y que necesite de más reflexión matemática por nuestra parte.

Calcular el diámetro de la bajante para un edificio de 4 niveles:

Se usará tubería de Cu-M de 2". Cada nivel tiene 5 departamentos, exceptuando la planta baja donde hay 12 oficinas con 12 medios baños con válvula de descarga (wc = 0 0.50 kg/cm²). Cada departamento cuenta con los servicios mínimos, pero en el segundo y cuarto niveles se tiene además una bañera por cada departamento y sus muebles sanitarios trabajan con tanques de descarga, la pérdida de carga por ramal es constante p= 0.12 kg/cm², el mueble sanitario *más fatigado* es el wc con 0.30 kg/cm² (departamentos). Cada nivel tiene 2:80 m de altura.

En estos cálculos se recomienda tener siempre en mente y a la mano la tabla de la figura 14, que reproducimos una vez más.

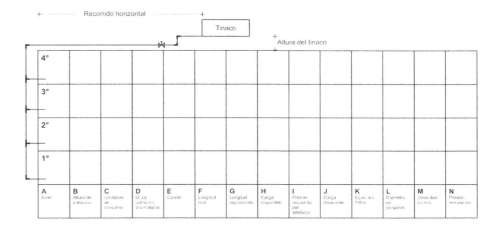

A Nivel	B Altura de entrepiso	C Unidades de consumo	D U. de consumo acumuladas	E Caudal	F Longitud real	G Longitud equivalente	H Carga disponible	I Presión requerida por artefacto	J Carga disponible	K Equiv. en 100m	L Diámetro en pulgadas	M Velocidad en m/s	N Presión remanente
4°													
3°													
2°													
1°													

Sugerencia: es necesario recordar que el eje de la *Y* indica el caudal (en litros/minuto y el de la *X* la presión en kg/cm²). Una de las dos diagonales habla de la velocidad en metros/segundo (m/s) y la otra del diámetro en pulgadas que debemos transformar a milímetros. Tampoco olvidemos los límites reglamentarios para la velocidad que son 3 metros/segundo y de la presión que son 5 kg/cm². Es importante asimilar que las gráficas y figuras presentadas aquí pueden variar con respecto a las presentadas por otros autores, y no necesariamnte con las mismas unidades como aquí aparecen. Es común hallar esta información en unidades inglesas, o bien en unidades decimales pero con diferentes magnitudes; así que, por ejemplo, si fuera el caso de que no valiera para 100m, entonces la equivalencia no sería para esa cifra, sino para el valor que le corresponda a la figura (o gráfica) consultada. Recordemos también que a mayor precisión, más calidad en la obtención de los resultados, y que estas gráficas representan fórmulas matemáticas estrechamente relacionadas con las instalaciones hidráulicas y sanitarias.

Aunque ya se ha comentado, se insiste en la recomendación de tratar de convencer a nuestros clientes en la necesidad de utilizar la tubería de cobre. Para lo cual nos apoyaremos siempre en los esquemas que nos presenta Merrick Gay *op. cit.* (pp. 40-41)

Fig. 3.5. Ábaco para el cálculo de las tuberías de poca rugosidad. Reproducido, con autorización, de *Heating, Ventilating, Air Conditioning Guide*, 1953, pág. 1049.

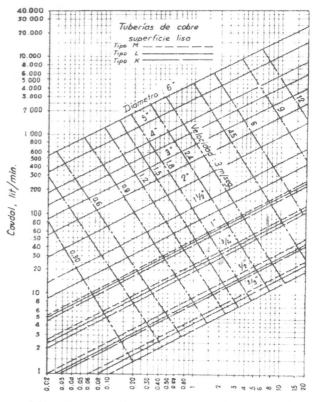

Fig. 3.4. Ábaco para el cálculo de las tuberías de cobre. Reproducido, con autorización, de *Heating, Ventilating, Air Conditioning Guide*, 1953, pág. 1048.

INSTALACIÓN MIXTA

Indirectamente se ha tocado este tema, cuando se dijo en la instalación directa que además de ésta se debiera contar con otras medidas de prevención y soluciones alternas, ya que en aquellos lugares donde hay una fuerte capacidad de inversión financiera, como pudieran ser los centros vacacionales, zonas comerciales y otros, seguramente al inversionista le va a interesar proporcionar al usuario un servicio de mayor calidad en el suministro de agua y otros aspectos (y así cobrarlo excesivamente). Es entonces cuando se puede ver que además de la instalación directa, se cuenta con la reserva de los tanques elevados o algún otro sistema de presión como el que a continuación se detallará.

Hidroneumáticos
Este sistema es demasiado antiguo como para que en nuestro país ya hubiese proliferado su uso y fuera conocido hasta por el más común de los ciudadanos (o, lo más lastimoso, por los mismos constructores). Sin embargo, en la mayoría de ocasiones se siguen usando los sistemas tradicionales que además se realizan sin el más elemental cuidado.

Un sistema de presión o hidroneumático simplemente sustituye la utilización de los tinacos o tanques elevados, suministrando el agua desde la cisterna, hasta cada uno de los muebles directamente, garantizando con ello que al auxiliarse de la bomba y del mismo tanque presurizado, haya presión regulada y, de este modo, el mobiliario sanitario tenga esa presión requerida. Este equipo no requiere de ningún espacio especializado, como veremos en el capítulo correspondiente. Además de que su utilización es perfectamente aplicable desde el proyecto más pequeño que podamos imaginar (un local comercial o vivienda de interés social, como ejemplos), hasta el más sofisticado y de alto costo. Se puede colocar a la intemperie y lo más cercano a la cisterna, evitando el alto costo en el tramo de succión.

Es una mentira absolutamente dolosa que algunos constructores de otras épocas afirmen que este sistema es muy caro y que requiere de cuidados especiales, o peor aún, que si utilizamos el hidroneumático estaremos gastando en elevados consumos de energía.

A final de cuentas, si reflexionamos un poco veremos que, por ejemplo, en el uso del tinaco, cuando también se deba emplear la bomba (la cual del mismo modo necesita imperiosamente de la energía eléctrica), si no hubiera luz nos encontraríamos en la misma desventaja que en el sistema del hidroneumático, lo que se salva recordando que, por un lado, el tinaco (en el sistema de gravedad) se calcula con capacidad para que siempre haya un tanto de reserva, para cuando no tengamos energía eléctrica, o bien para cuando la cisterna se encuentre agotada (vacía); por otro lado, en el sistema hidroneumático nos encontraremos con un concepto muy importante que se representa matemáticamente con la letra *W*, la cual se refiere al *abatimiento*, y éste nos habla simplemente de la cantidad de agua que realmente utilizará el edificio.

Ejemplo 1

Es una vivienda de interés social, con los servicios mínimos, al haber dos recámaras consideraremos que hay cuatro habitantes, se usará cobre rígido tipo *M*. El sello hidráulico es de 13%, el ciclaje de bombeo (verificar con el proveedor) puede ser variable entre 1 y 2 c/h (ciclos por hora), con ubicación en la ciudad de Puebla.

El tramo de succión tiene una altura de 2.50 m, la descarga un recorrido de 1.50 m, la alimentación cuenta con 4.00 m y la altura de la planta baja es de 2.70 m (a ejes), con las piezas especiales indicadas en la figura.

Antes de presentar la figura correspondiente al ejemplo, insistiremos en que la bomba viene *montada* sobre el hidroneumático, sin embargo, aquí la mostraremos afuera y abajo del mismo, ya que se trata de poder hacer el análisis matemático del *tramo de descarga*, porque además habrá ocasiones en que dicha bomba deba estar trabajando para dos hidroneumáticos, o como ya se ha dicho, pudiera abrirse un *abanico* mayor de posibilidades arquitectónicas. De cualquier modo siempre se instruye a los lectores de que lo esencial es entender el método de cálculo y que éste puede aplicarse para cualquier situación arquitectónico-constructiva, haciendo las precisiones de cada caso.

No olvidemos tampoco que la Hidráulica está estrechamente relacionada con la presión atmosférica (presión en kg/cm^2) y que ésta tiene fuertes variaciones de acuerdo con la región en que estemos trabajando, así que deberemos consultar la información correspondiente, ya sea en las dependencias públicas o en las mismas universidades donde generalmente se cuenta con la información pertinente.

En el siguiente esquema gráfico tenemos de izquierda a derecha el tramo de succión con su *check*, la bomba, el tramo de descarga, el hidroneumático y el tramo de alimentación, todo ello obviamente sin escala para tratar de hacer lo más didáctico posible el método del cálculo.

Tramo de alimentación: se sugiere trabajar con una tabla que contenga todos los datos para regresar a su consulta en etapas posteriores, como la que presentamos a continuación:

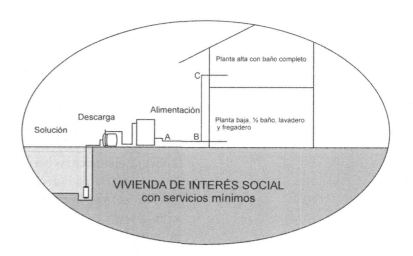

Tabla 2

TRAMO	UC (Unidades de consumo)	CAUDAL	DIÁMETRO	PRESIÓN	LONGITUD EQUIVALENTE	PRESIÓN FINAL (Equivalencia en 100m)
AB	11 UC (Gay 36)	40 L/M (Gay37)	¾" (Gay40)	5 Kg/Cm2 (Gay40)	LR = 3.00m + 2.70m = 5.70m LPP = 3 C90 = 3X0.45m = 1.35m 1 TG90 = 1 X 1.20 = 1.20m 1.35m + 1.20m = 3.55m LE = 5.70m + 3.55m = **9.25m** (Gay39)	100m − 5Kg/Cm2 9.25m − X **X = 0.4625 Kg/Cm2**
BC	6 UC (Gay 36)	25 L/M (Gay37)	½" (Gay40)	5 Kg/Cm2 (Gay40)	LR = 2.70m LPP = 1C90 = 1X0.45m= 0.45m LE = 2.70m + 0.45m = **3.15m** (Gay39)	100m − 5Kg/Cm2 3.15m − X **X = 0.1575 Kg/Cm2**

Capacidad del tanque hidroneumático

Suma de presiones finales: para este ejemplo simple de la vivienda de interés social, únicamente se sumarán los dos tramos de la presión final (o equivalencia en 100 m) del tramo de alimentación, así que tenemos:

$$0.4625 \text{ kg/cm}^2 + 0.1575 \text{ kg/cm}^2 = \textbf{0.62 kg/cm}^2$$

Presión por altura: de nueva cuenta, únicamente consideramos el tramo de alimentación y su altura (en metros) para convertirla a presión (en kg/cm^2), entonces:

$$2.70 \text{ m} \times 0.1 = \textbf{0.27 kg/cm}^2$$

Presión de arranque: aunque la palabra *arranque* pareciera un coloquialismo, ha encontrado amplia aceptación en la jerga constructiva, tanto que algunos manuales y reglamentos así lo registran; sin embargo, su término científico es *presión mínima admisible* y se refiere sencillamente al momento en que el hidroneumático se ha *vaciado*, aunque no totalmente, y al enviar una señal eléctrica a la bomba, ésta enciende o *arranca* para iniciar el suministro o llenado del tanque hidroneumático. Este dato es la suma de los dos anteriores:

$$0.62 \text{ kg/cm}^2 + 0.27 \text{ kg/cm}^2 = \textbf{0.89 kg/cm}^2$$

Desafortunadamente, y aunque la ley nos indique que las unidades a manejar deban ser (internacionalmente) en kg/cm^2, metros, litros, etc., la mayor parte de productos vienen en *Pound Squared Inch* (PSI), por lo que haremos la siguiente transformación:

1 libra = 0.454 kg
1 pulgada = 2.54 cm
1 PSI = libra / pulgada^2
1 PSI = 0.454 kg / 2.54 cm^2 = **0.07037014 kg/cm^2**

Aunque internacionalmente es aceptado utilizar únicamente:

0.0703 kg/cm^2

Por tal razón, nos veremos en la obligación de cambiar de kg/cm^2 a PSI dividiendo:

0.89 kg/cm^2 / 0.0703 kg/cm^2 = **12.64 PSI**

La cual se puede aproximar a 13 PSI.
Y su presión de paro es 20 unidades arriba en relación con la presión de arranque, por lo que tenemos:

13 PSI + 20 PSI = **33 PSI**

Presión atmosférica del lugar: resaltemos la importancia de que el agua no *pesa* igual a nivel del mar que en una región más elevada, por lo que debemos tomar en cuenta el lugar donde estemos trabajando, además de usar con frecuencia indistintamente los valores en kg/cm^2 como en PSI (o libras sobre pulgada al cuadrado). La presión atmosférica de Puebla es de 0.794 kg/cm^2, así que para convertir de kg/cm^2 a PSI:

0.794 kg/cm^2 / 0.0703 kg/cm^2 = **11.2831191471 PSI**

Cálculo de la constante: es el preámbulo que, sin unidades, utilizaremos para el cálculo del *abatimiento*.

$$C = \Delta / P_2 \text{ (Zepeda, 2001: 509-527)}$$

Donde:
Δ = diferencia entre la *presión de paro* y la *de arranque*
P_2 = suma de la presión de arranque y la presión atmosférica del lugar (Puebla = 1.2831191471 PSI).

C = 33 PSI – 13 PSI / 13 PSI + 11.2831191471 PSI = **0.823614859**

Cálculo del abatimiento: se puede considerar el abatimiento como *la parte de reserva* de agua del tanque, y su unidad es el porcentaje, por lo que al trasladarlo a la siguiente fórmula debemos dividirlo entre 100, ya que trabajaremos en litros:
$$W = C (100 - S) / C + 1$$

Donde:

W = abatimiento (porcentaje real de uso de agua del edificio)
C = constante
S = sello hidráulico del 13%

Sustituyendo:

W = **0.823614859** (100 – 13) / **0.823614859** + 1 = **39.29255806%**

Capacidad del tanque hidroneumático: su resultado lo obtenemos en litros y habrá que buscar el más cercano al valor comercial que encontremos en el mercado:

$$T = Cm \times Pu / 4W$$

Donde:

T = capacidad del tanque hidroneumático en litros
Cm = ciclaje de bombeo (en este caso se estima en 1.50 veces)
Pu = caudal mayor en L/m
W = El abatimiento dividido por 100 (42.15 / 100 = 0.4215)

Sustituyendo:

T = 1.50 X 40 L/m / 4 X 0.3929255806 = **38.17 litros**

Obviamente escogemos el inmediato superior que hay en el mercado que es de 50 litros.

Cálculo del tramo de descarga

Tramo de la descarga. incremento de seguridad del 25% al caudal mayor. Esto es una norma de seguridad que no cambiará:

40 litros X 1.25 = **50 L/m**

A este valor le asignaremos la nomenclatura Pu', por lo que:

Pu' = **50 L/m**

Lectura de gráfica: en la gráfica de Gay ubicamos nuestro caudal de 50 L/m y, cortando la recta con la diagonal del diámetro en ¾" la velocidad de 3 m/s (tope oficial), hallamos una presión de 5.50 kg/cm² y un diámetro de ¾"; sin embargo, y sólo para verificar, volvemos a leer la gráfica, pero ahora tomando los 50 L/m y la *presión fijada* en 5 kg/cm², y aunque la velocidad disminuyó ligeramente de su tope oficial (aproximadamente 2.80 m/s), el diámetro sigue siendo de ¾".

Longitud equivalente: en teoría hemos dejado la bomba abajo del tanque hidroneumático, aunque lo normal es que ésta esté montada sobre aquél, sin embargo, lo hemos hecho para poder detallar gráficamente el método matemático, así que tenemos:

Longitud real (lr) = 3.30 m
Longitud por pérdidas (lpp) = 4 C90 = 4 X 0.45 m = 1.80m
　　　　　　　　　　　　1 TG90 = 1 X 1.20 m = 1.20 m
Longitud equivalente (le) = 1.80 m + 1.20 m + 3.30 m = **6.30 m**

Equivalencia en 100 metros:

100 m - 5 kg/cm^2
6.30 m- X
X = 0.315 kg/cm^2

Cálculo del tramo de succión

Incremento del diámetro en 25% (a la sección inmediata superior): como traemos el diámetro de ¾", la elección será entonces de 1" para este tramo de succión.

Lectura de gráfica: ahora la lectura de la gráfica anterior se hace (por única ocasión) tomando al caudal modificado de 50 L/m y al diámetro de seguridad del tramo de succión de 1". Encontrando una presión de 0.05 kg/cm^2 y una velocidad de 0.40 m/s, entonces:

longitud real (lr) = 2.30 m
longitud por pérdidas (lpp) = 3 c90 = 3 x 0.90 m = 2.70 m
longitud equivalente (le) = 2.70 m + 2.30 m = **5.00 m**
equivalencia en 100 metros
100 m – 0.05 kg/Cm2
5.00 m – X
X = 0.0025 kg/cm^2

Potencia de la bomba

Conversión de la altura en metros a presión en kg/cm^2: la altura del tramo de succión tiene 2.30 m que convertida a presión:

2.30 m X 0.10 = **0.23 kg/cm^2**

Presión de paro: transformar de PSI a kg/cm^2: retomamos el valor original (y no el aproximado de 12.64 PSI):

12.64 X 0.07037014 = **0.889478579 kg/cm^2**

Suma de presiones:

$$0.315 \ kg/cm^2 + 0.0025 \ kg/cm^2 + 0.23 \ kg/cm^2 + 0.889478579 \ kg/cm^2 =$$
$$\textbf{1.436978579 kg/cm}^2$$

Altura ponderada:

$$H = 10 \ p$$

Sustituyendo:

$$H = 10 \ X \ 1.436978579 \ kg/cm^2 = \textbf{14.36978579 m}$$

Potencia de la bomba:

$$P = Pu' \ X \ H \ / \ t \ X \ 75 \ X \ 0.65$$

Sustituyendo tenemos que:

$$P = 50 \ L/m \ X \ 14.36978579 \ / \ 60 \ X \ 75 \ X \ 0.65 = \textbf{0.24 cv}$$

Sabemos que en el mercado los hidroneumáticos de 50 L/m cuentan con una bomba de medio caballo, por lo que utilizaremos la que el proveedor y la patente usen.

Proponemos este ejercicio para el lector, para que pueda ensayar lo que menos comúnmente se resuelve en el ejercicio profesional y que es un edificio con las siguiente características:

Figura 16

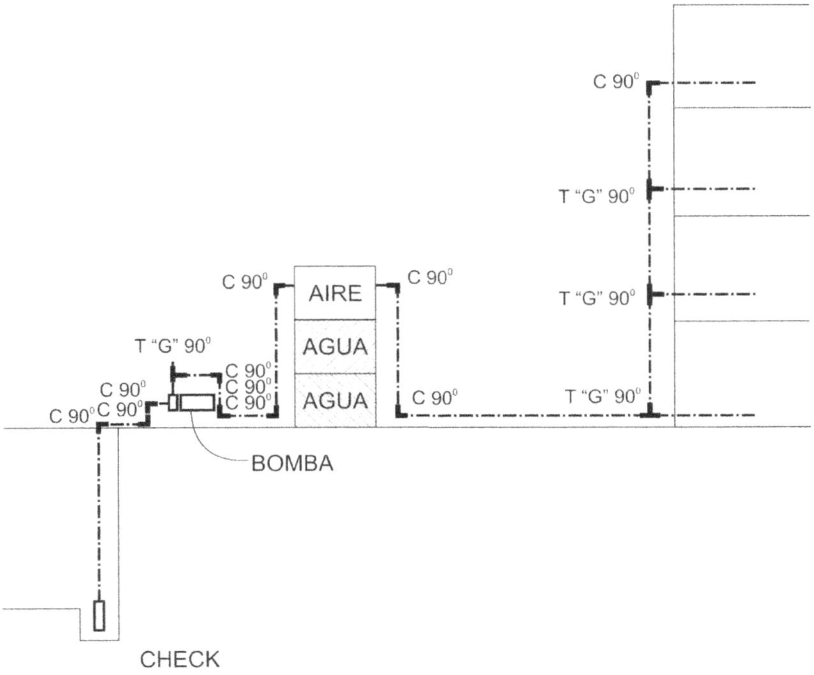

Como ya señalamos, a diferencia de otros procedimientos de cálculo, en éste el inicio deberá ser por el tramo último, es decir, por el de *alimentación*, después la *capacidad del tanque hidroneumático*, para continuar con *la descarga*, luego *la succión* ypor úl timo *la potencia de la bomba*.

Asimismo, reiteramos que este tipo de suministro en la actualidad viene con todo integrado, es decir, la capacidad del tanque de presión, el tramo de descarga y la bomba.

Ejercicio 1. Calcular los diámetros de los tramos de alimentación, la capacidad del tanque hidroneumático, las secciones de la descarga y la succión y la potencia de la bomba del siguiente edificio:
- 4 niveles
- 4 departamentos por nivel con sus servicios mínimos respectivos y en tanques de descarga
- Se usará tubería de cobre rígido tipo "M" (Cu-M)
- El sello hidráulico es del 13% y un ciclaje de bombeo de 6 ciclo/hora
- El proyecto se edificará en la ciudad de Puebla.

Donde:
A. Es el tramo de succión con 2.70 m de recorrido
B. Es la bomba
C. Es el tramo de descarga con 3.90 m de distancia
D. Es el tanque hidroneumático
E. Es el tramo de alimentación con 9 m de recorrido horizontal, los 3 primeros niveles son de 2.7 m y el último (sólo sube "el tanto" de la regadera), de 2.10 m

> **Sugerencia**: Las diversas marcas de los tanques de presión (hidroneumáticos) originan que sus presentaciones tengan gran variedad. Es decir, no necesariamente serán verticales (como los del dibujo), sino horizontales y, por si fuera poco, la gran mayoría no presenta la separación entre la bomba y el tanque hidroneumático, ya que aquélla viene adosada a éste, en una enorme variedad de marcas y precios y, por cierto, en muy distintas posiciones en lo que toca al adosado de la bomba sobre el hidroneumático.

Ejercicio 2. Calcular los diámetros de los tramos de alimentación, la capacidad del tanque hidroneumático, las secciones de la descarga y la succión y la potencia de la bomba en el siguiente edificio:
- 4 niveles
- 4 departamentos por nivel con sus servicios mínimos respectivos y en tanques de descarga
- Se usará tubería de cobre rígido tipo "M" (Cu-M)
- El sello hidráulico es del 13% y un ciclaje de bombeo de 10 ciclos/hora
- El proyecto se edificará en Ciudad Victoria, Tamps.

Donde:
A. Es el tramo de succión con 3.00 m de recorrido

B. Es la bomba
C. Es el tramo de descarga con 5.00 m de distancia
D. Es el tanque hidroneumático
E. Es el tramo de alimentación con 4.00 m de recorrido horizontal, los 3 primeros niveles son de 3.00 m y el último (sólo sube "el tanto o la altura" de la regadera), de 2.10 m.

Ejercicio 3. Calcular los diámetros de los tramos de alimentación, la capacidad del tanque hidroneumático, las secciones de la descarga y la succión y la potencia de la bomba del siguiente edificio:
- 3 niveles
- 5 baños completos, un 1/2 baño, 2 fregaderos y 2 lavadoras, así como 4 llaves de nariz. Todo en tanques de descarga
- Se usará tubería de cobre rígido tipo "m" (Cu-M)
- El sello hidráulico es del 13% y un ciclaje de bombeo de 6 ciclos/hora
- El proyecto se edificará en la ciudad de Chetumal, Q. Roo
Donde:
A. Es el tramo de succión con 2.30 m de recorrido
B. Es la bomba
C. Es el tramo de descarga con 2.70 m de distancia
D. Es el tanque hidroneumático
E. Es el tramo de alimentación con 9 m de recorrido, los 2 primeros niveles son de 2.70 m y el último (sólo sube el tanto de la regadera) de 2.10 m.

> **Sugerencia**: para el análisis de las capacidades de los calentadores pediremos a los proveedores que nos asesoren en lo que tiene que ver con las normas mexicanas; y las aplicaciones para cada caso en relación con la tabla que se propone (Gay, *ibidem*: 48, Tabla 4.1.) ver en este mismo libro, ya que su solución y simplicidad del procedimiento resultan obvias.

Veamos ahora la manera de resolver al respecto con una vivienda de interés social con dos recámaras:
- La dotación será de 150 litros/habitante/día
- Una tercera parte de dicha dotación se destina al agua caliente, entonces tenemos que:

150 (1/3) = **50 litros**

Consideremos dos personas por cada recámara:

2 personas X 2 recámaras = **4 personas**

Multiplicamos los dos valores anteriores, y tenemos entonces:

50 litros X 4 personas = **200 litros**

Verificando en la tabla mencionada de Gay se multiplica por (1/5), y encontramos:

200 litros X (1/5) = **40 litros**

Por lo que buscaremos en el mercado el calentador que más se acerque a estos requerimientos.

Recordemos que no sólo hay calentadores de almacenamiento, como los que revisamos en este libro, sino que puede contarse con calentadores de paso, solares, o hasta eléctricos, los que por cierto, y en el extremo de la audacia constructiva, podríamos colocar (los eléctricos) en el mismo guardarropas, o vulgarmente llamado *clóset*. También es necesario que consultemos directamente con los especialistas del área cuando se trabaje en la instalación directa, la etapa número 3 (diámetro del medidor), y veamos cómo se calcula el contador de agua ya que no por la facilidad en su obtención deja de ser enormemente importante la cuantificación y, por tanto, el pago justo por el consumo de agua.

Se sugiere que al concluir la etapa del bajante por Hunter, se resuelvan los mismos ejercicios, pero ahora por el método del *predimensionamiento*, es decir, por Saph y Schroeder. Para lo cual debemos recordar que es posible utilizar este procedimiento para conocer los diámetros de la bajante, prácticamente de forma instantánea, pero con el riesgo de que en algunas ocasiones los diámetros resulten un poco excedidos.[6]

Es importante el uso de este método porque en nuestro ambiente profesional desafortunadamente en muchas ocasiones deberemos proporcionar respuestas de costos aproximados a nuestros clientes casi inmediatamente. De cualquier forma, si a éstos les aclaramos que dicha respuesta no es del todo precisa, veremos que entonces este método puede llegar a ser de verdadera utilidad.

Figura 17

4°					
3°					
2°					
1°					
A PISO ANALIZADO	B UM POR DEPTO.	C DEPTOS. POR PISO	D TOTAL UM	E UM ACUM.	F DIÁMETRO NECESARIO

[6] Véase: Bajante por Saph y Schroeder, en: http://editorial.dca.ulpgc.es/servicios/1_saneamiento/tema%205%20saneamiento.pdf (5. Cálculo de redes). Editorial de Construcción.

Donde:

A. Es el piso analizado
B. Son las unidades-mueble (UM) por departamento
C. Es el número de departamentos por piso
D. Es el total de UM por piso
E. Son las UM acumuladas
F. Es el diámetro necesario por piso

Ejercicio. Calcular el diámetro de la bajante con el método del predimensionamiento por Saph y Schroeder, usando los datos de los ejercicios llevados a cabo en el capítulo respectivo de Hunter. Es muy importante que recordemos que en este método hay varios términos que, sin tener el mismo nombre, expresan lo mismo. Así, encontraremos:

- *Fluxómetro*, que es una mala traducción a nuestro idioma que quiere decir válvula de descarga.
- *Tanque bajo*, significa tanque de descarga.
- Todas las unidades-mueble (UM) se refieren a las *unidades de consumo*. En las instalaciones sanitarias serán *unidades de descarga*.
- Las UM que se utilizan para el análisis de Saph están *excedidas*, pero es necesario que así los usemos, con esa sobrevaloración, por las causas que se verán en temas posteriores.

1.11 Ramales

Este tema es sumamente simple y, con mayor razón, es inexplicable (e inaceptable) el hecho de que generalmente, para no variar, se descuide la instalación de los ramales cuando se ejecute la obra civil. Recordemos que, salvo algún mobiliario sanitario especial, en general cualquier otro aparato de uso común tiene un diámetro normal indicado en cualquier tabla respectiva. Sin embargo, intentando proponer procedimientos de uso general se tiene como procedimiento de cálculo que:

1. La presión por ramaleo se considera constante $P = 0.15$ kg/cm^2
2. Caudal en litros/minuto. Analizado por núcleo o zona
3. También por sector se analiza la longitud equivalente. Proponiendo el diámetro de la tubería en pulgadas para después presentarlo en milímetros en el proyecto final para su autorización
4. Equivalencia en 100 m
5. Lectura de la gráfica (en Cu-"M" o fo. go.)

Se insiste en la idea de que no se propongan los diámetros *por criterio*, como algunos profesionistas recomiendan. Ya que sólo se evaden los cálculos cuando se tiene la absoluta seguridad de que la solución propuesta se respalda con proyectos exactamente iguales y resueltos por cálculo con anterioridad. Es decir, *el criterio* sólo llega después de suficientes años de haber comprobado matemáticamente que al ejecutar la obra no hemos tenido sorpresas desagradables, pero nunca al revés como proponen algunos *constructores*: ejecutar obra por criterio sin jamás haber disfrutado de la tranquilidad y seguridad que sólo el cálculo nos puede proporcionar.

Ejercicio. Calcular los diámetros de los ramales indicados en la siguiente figura, considerando que es un servicio doméstico y, por tanto, se trata de tanques de descarga donde, además, continuaremos con el uso del cobre.

Figura 18

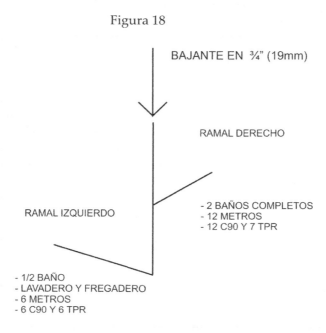

BAJANTE EN ¾" (19mm)

RAMAL DERECHO

RAMAL IZQUIERDO

- 2 BAÑOS COMPLETOS
- 12 METROS
- 12 C90 Y 7 TPR

- 1/2 BAÑO
- LAVADERO Y FREGADERO
- 6 METROS
- 6 C90 Y 6 TPR

BIBLIOGRAFÍA

Arocha, Tomás (1967). *Normas de diseño y construcción: civiles, mecánicas y eléctricas.* México, D. F.: Fernández Editores.

Asensio, Francisco (1992). *Agua: Biblioteca Atrium de las Instalaciones.* Tomos I, II, III, IV y V. Barcelona, España: Atrium.

Barbará, Fernando (1979). *Materiales y procedimientos de construcción.* Tomos I y II. México, D.F.: Herrero.

Becerril, Onésimo (1997). *Datos prácticos de instalaciones hidráulicas y sanitarias.* México, D. F.: Fernández Editores, 7ª edición.

Ching, Francis D. K. (2000). *Diccionario visual de arquitectura.* México, D.F.: Gustavo Gili.

Deffis, Armando (1991). *La casa ecológica autosuficiente: para climas templado y frío.* México, D. F.: Concepto.

Diccionario Océano Uno Color (2000). México: Océano Editores.

Flores, Conrado (1986). *Memo 7: cálculo diferencial.* México, D. F.: Trillas.

Gaceta Oficial (1995). *Normas técnicas complementarias.* México, D. F.: Berbera Editores.

Gay, Charles Merrick, *et al.* (1982). *Instalaciones en los edificios.* Barcelona: Gustavo Gili.

Haan, Enno (1980). *Guía de plomería doméstica,* México, D. F.: UTEHA.

IMSS (1990). *Especificaciones generales de construcción: instalaciones hidráulicas.* Tomo 3. México, D. F.: Coordinación de Comunicación Social.

Lane, Publlshing (1993). *Plomería básica ilustrada.* México, D. F.: Trillas.

Lengen, Johan Van (1980). *Manual del arquitecto descalzo.* México, D.F.: Concepto.

Pérez, Rafael (1988). *Desagües.* Bogotá, Colombia: Escala-Serie Arte de Construir.

Pérez, Rafael (1988). *El agua.* Bogotá, Colombia: Escala-Serie Arte de Construir.

Plazola, Alfredo (1991). *Normas y costos de construcción,* volumen 2. México: Limusa.

Zepeda, Sergio (2001). *Manual de instalaciones,* México: Limusa.

2.1 Introducción

En este tipo de instalaciones, como la hidráulica o la eléctrica, a menudo nos resulta fácil suponer que no tienen que ver demasiado con la actividad de la arquitectura, en lo que toca al cálculo; es decir, a la propuesta específica y hasta científica de cada uno de sus componentes. Aun cuando equivocadamente prevalece la idea de que a la arquitectura sólo le corresponde atender la parte estética (como, por cierto, es tradición en otros países de primer mundo) de la edificación, veremos a continuación que no hay error más grande que pensar que es otro profesionista quien debiera cumplir con nuestras obligaciones.

2.2 Antecedentes

Desde siempre, al ser humano le ha afectado la situación de tener que mantener a buena distancia sus desechos, y ya en sus orígenes por varias ocasiones lo logró, aunque no de la manera más adecuada. Como es bien sabido, es necesario no estar a una distancia tan corta de estos residuos, ya que las consecuencias pueden poner en riesgo la salud y vida de las personas. A modo de crítica habremos de aceptar que la época más dañina, asombrosamente en este aspecto (y en otros más), fue la de la Edad Media, era tan vergonzosa que a la mayoría de los historiadores les ha dado por llamarla edad del oscurantismo, donde un cúmulo de enfermedades acabaron con muchas vidas debido al poco cuidado en el manejo de este tipo de desechos. Para entrar en materia, hablaremos de un primer concepto de gran relevancia en el programa a desarrollar.

2.3 Las aguas pluviales

Definitivamente no hay problema más grave en el manejo de las instalaciones sanitarias y, contradictoriamente, el que más fácilmente debiésemos solucionar. Conociendo las cantidades de precipitación pluvial por región, tendría que ser muy fácil proponer los diámetros o secciones de las tuberías sanitarias, ya sean urbanas o bien de los desagües domiciliarios.

Es importante entender que a la instalación sanitaria no se le puede enfocar como tradicionalmente se hace, de la manera más ligera y sin ningún sentido de responsabilidad. Esto no quiere decir, obviamente, que no podamos suponer diámetros previos aproximados, lo cual es una costumbre en casi toda la actividad de la construcción, porque temporalmente esto podría auxiliarnos en los momentos de apremio, sin embargo, cada vez que determinemos cualquier solución de este modo, no deberemos perder de vista los riesgos que todo ello implica, y recordar que no hay nada más saludable que hacer propuestas sustentadas absolutamente en el rigor científico.

Y es que sobra señalar las cuantiosas pérdidas que se padecen, principalmente en las congestionadas y por demás desordenadas áreas urbanas, donde con frecuencia nos enteramos de los problemas de inundaciones en época de lluvias y de las grandes tragedias por no aplicar un mínimo de criterio constructivo en las propuestas de las secciones o diámetros.

2.4 Las bajantes del agua pluvial

Casi siempre suponemos que el desalojo pluvial (del griego *pluvia* que significa lluvia) vertical puede cuantificarse y determinarse en su respectivo diámetro, consultando cualquier listado o tabla, que simplemente relaciona el área (de azoteas y terrazas, por ejemplo) con una sección (o diámetro) propuesta. Otro comentario imprescindible al respecto es que generalmente es mejor solución no trabajar las losas planas, salvo en casos excepcionales donde el diseño o la absoluta necesidad nos obligue a decidirnos por esto. Lo anterior es por la simple razón de que una losa plana no nos permitirá proponer un mejor diseño de azotea y /o de manera lateral, que es la parte de la fachada que frecuentemente recibe nuestra última atención. Además de que los rellenos de las pendientes en las losas planas ocasionarán mayores problemas de peso y con ello más dilemas estructurales que resolver, repercutiendo en trabes, columnas y cimentaciones necesariamente más resistentes (de mayores dimensiones), y por lo mismo más costosas. Por último, recordemos que en los países más desarrollados se pone más cuidado (en comparación con Latinoamérica) en la comúnmente llamada "quinta fachada", es decir, en la azotea (en su aspecto estético). Por si todo esto fuese poco, algo que también frecuentemente descuidamos es el desalojo de las aguas pluviales, ya que se hace de manera mixta, juntando las aguas pluviales con las residuales, impidiendo de esta manera la fácil reutilización de aquellas provenientes de la lluvia, y obligando a la sociedad a una mayor inversión, ya que la canalización pluvial requiere de mayores diámetros que las aguas residuales.

Por otra parte, y adelantándonos un poco al tema de las aguas sucias (servidas o residuales), señalaremos que si este tipo de aguas se condujeran por un tubo separado y específico (sin unirse a las pluviales), su sección o diámetro sería mucho menor, abaratando obviamente la ejecución de este servicio.

2.5 Los bajantes de aguas residuales

A modo de breve repaso, recordemos que en general se considera aguas residuales a todas aquellas que provienen de la regadera, la lavadora, el lavadero (aguas jabonosas), del fregadero (aguas grises) y del excusado o wc (aguas negras). Evidentemente que en casos especiales donde existan más de dos muebles sanitarios, por ejemplo, cuando se trata de los fregaderos, es importante prever la acumulación de grasas y conducirlas adecuadamente.

Recordemos que después de cada 100 m² deberemos colocar una bajante de más, o antes si las formas de losa son muy distantes entre la orilla más alejada y el desalojo del mismo tubo del bajante y así sucesivamente, además de evitar utilizar diámetros menores a 2" (50 mm), aun cuando el cálculo (aparentemente) nos indique otra cosa.

Preguntas

1. ¿Qué diámetro de bajante se requiere para una azotea de 50 m²?

2. ¿Cuál sección se propondría para una azotea de 90 m²?

3. ¿Qué debemos hacer si la parte más lejana de la azotea (siendo plana) requiere de demasiado entortado y ocasiona un excesivo peso?

4. ¿Las losas inclinadas también pueden llevar bajante?

5. ¿Todos los bajantes necesariamente se acoplan a un colector, o existe otra opción?

6. ¿Cuándo los bajantes son obligatoriamente visibles en los muros? Recordemos que de preferencia debieran ir ocultos.

7. ¿Son mejores las losas inclinadas, las planas o su combinación?

8. En relación con la pregunta anterior, ¿qué recomendaría un calculista estructural?

Anteriormente, cuando se revisaron las instalaciones hidráulicas, utilizamos el concepto de unidades de consumo (UC) que también se denominó como unidades mueble (UM). Sin embargo, en esta temática todo esto se llamará unidades de descarga (UD), lo cual también equivale a hablar de aproximadamente 25 l/m, siendo una norma general para casi todos los países, recordando además que ya no le corresponden las mismas cantidades para iguales servicios y muebles tanto para la hidráulica como para la sanitaria (ya que ahora, en las instalaciones sanitarias, el valor se incrementa).[1]

Según la norma, al wc (escusado) le corresponde como diámetro mínimo 4" (100 mm), pudiendo ser una sección mayor si así lo indicara el cálculo.

Preguntas

1. ¿Qué diámetro de bajante se necesita para 3 baños completos con tanque de descarga?

2. ¿Cuál sección de bajante se requiere para 5 baños completos con tanque de descarga?

3. ¿Por qué debe ponerse especial atención cuando se combina más de una zona en m²? Por ejemplo, azoteas a desniveles junto con terrazas o balcones.

---

[1] Para los desalojos sanitarios, por cada servicio o mueble, se considera un valor mayor que para las instalaciones hidráulicas, ya que mientras que para la hidráulica un baño completo (obviamente en tanques de descarga) eran 6 UC, ahora, para la sanitaria serán de 8 UD.

Si las aguas descargaran separadamente: *a*) las residuales disminuirían notablemente en volumen y por ello en la necesidad del tratamiento. Además de que sus diámetros serían notablemente menores en comparación con los mixtos, por ello serían mucho más baratos; y *b*) las aguas pluviales que vienen en mayor volumen no están tan contaminadas, lo que nos ahorraría su tratamiento, permitiéndonos su pronta reutilización, lográndose un enorme listado de beneficios, no sólo para los usuarios sino para las autoridades que ya no tendrían que invertir tanto en solucionar problemas que se pudieron evitar.

2.6 Bajante mixto

Desde el cálculo del bajante de aguas negras ya se requiere de la utilización del concepto matemático de la *interpolación*[2], es decir, se necesitará de este recurso numérico para la unión de los dos tipos de aguas; evidentemente el mayor peso lo llevará el agua pluvial, demandando una más grande sección o diámetro, con el consabido gasto y costo que implica.

Tabla 1

DIÁMETRO EN PULGADAS	SUPERFICIE EN M^2
2	50
2 ½	90
3	140
4	290
5	500
6	780
8	1620

Fuente: Gay, Charles Merrick, *et al.* (1982). *Instalaciones en los edificios*. Barcelona: Gustavo Gili.

Esta tabla es muy utilizada, desafortunadamente de forma indiscriminada, con muy poco conocimiento y con total irresponsabilidad, porque en ningún lugar se puede emplear una tabla como simple prototipo, es decir, como si todos los proyectos fuesen exactamente iguales en todos los servicios y tipo de interés (social, medio o alto) y para una misma zona.

---

[2] Este recurso (la *interpolación*) nos permitirá ampliar o complementar la mayoría de las tablas, incluyendo las del reglamento mexicano, aunque es más fácil conseguirla con las autores de la bibliografía recomendada.

No es tan recomendable usar como prolongación de un bajante (en la azotea casi siempre es pluvial) el tubo de ventilación, ya que la bajante pluvial generalmente es menor en diámetro que el requerido para dicho conducto. Además de que un adecuado cálculo frecuentemente nos obliga a la utilización de más de un tubo ventila.

Tabla 2

MUEBLE O ARTEFACTO	PRIVADO UNIDADES DE DESCARGA (UM)	PÚBLICO UNIDADES DE DESCARGA (UM)
EXCUSADO WC	6	10
BAÑERA	2	4
REGADERA	2	4
MINGITORIO	-	5-10
FREGADERO	2	5
BAÑO COMPLETO	8	-
½ BAÑO	6	-
LAVABO	1	2
LAVADERO	3	1

Fuente: Gay, Charles Merrick, *et al.* (1982). *Instalaciones en los edificios*. Barcelona: Gustavo Gili.

A diferencia de la anterior, esta tabla usa UM, es decir que no tiene que ver con las pluviales, por ello ahora desalojaremos a las aguas residuales. No descuidemos el hecho de que para el servicio público (en válvulas de descarga) los valores se incrementan, aumentando con ello los diámetros. Aun cuando el mobiliario sanitario ha evolucionado con el correr de los años, volviéndose cada vez más ahorrador de agua, sus valores correspondientes por artefacto no han cambiado.

Tabla 3

DIÁMETRO DEL BAJANTE EN PULGADAS	UNIDADES DE DESCARGA
1 ¼	2
1 ½	4
2	10
3	30
4	240
5	540
6	960
8	2800
10	3780

Fuente: Gay, Charles Merrick, *et al.* (1982). *Instalaciones en los edificios*. Barcelona: Gustavo Gili.

Tabla 4

DIÁMETRO DEL BAJANTE EN PULGADAS	ÁREA EN CM²
1	5.07
1 ½	11.40
2	20.27
2 ½	31.67
3	45.60
4	81.60
5	126.68
6	182.41
7	248.29
8	324.29
9	410.43
10	506.71

Fuente: Gay, Charles Merrick, *et al.* (1982). *Instalaciones en los edificios*. Barcelona: Gustavo Gili.

En este caso se tiene un listado de valores para conductos circulares que, por obvias razones de mercado, son los más comunes. Pero no debemos olvidar que en las zonas pobres o rurales, en muchas ocasiones el desalojo horizontal puede hacerse con tabique, canalones (de distinto material), que no necesariamente utilicen la tubería convencional. Y, si ese fuera el caso, deberán hallarse las áreas de los cuadrados o rectángulos empleados, es decir, proponer colectores hechos a base de tabique, block de cemento, tierra compactada (por cierto utilizada milenariamente por casi todas las culturas indígenas y muy duraderas incluso en la actualidad), lo cual evidentemente es más fácil que el hecho de tener que conocer las áreas de los círculos equivalentes detallados en la tabla 4, la cual puede ampliarse, o bien simplificarse con la ayuda de una calculadora y cualquier formulario de áreas y volúmenes.

Tabla 5

DIÁMETRO DEL RAMAL	UNIDADES DE DESCARGA
1 ¼	1
1 ½	3
2	6
3	20
4	160
5	360
6	640
8	3200
10	3800

Fuente: Gay, Charles Merrick, *et al.* (1982). *Instalaciones en los edificios*. Barcelona: Gustavo Gili.

Esta tabla[3] nos indica que el diámetro mínimo aceptable es de 1¼″ (o 32 mm), pudiendo ser lógicamente mayor si así lo indicara el cálculo.

Antes de iniciar la solución de los siguientes problemas, a modo general, se dirá que:

1. Tomar los valores inmediato superior e inmediato inferior del dato que estemos analizando.

2. Restar ambos datos (los inmediatos superiores de los inferiores).

3. Emplear la regla simple que, comúnmente, se conoce como regla de tres.

4. Restar al valor buscado, primero el menor de su término semejante.

5. Sumar el resultado al valor menor del mismo término semejante para hallar el área única, si son separadas las aguas, o bien las áreas juntas, si se trata de bajantes mixtos.

6. Por último, se sustituye en la fórmula del diámetro (recordemos que es más usual utilizar conductores circulares), la cual se expresa como:

$$d = \sqrt{4 \times A / \pi}$$

Donde:
d = diámetro en centímetros
A = área en cm^2

7. Reiteramos que habrá que convertir a pulgadas, dividiendo el resultado por el valor de una pulgada en centímetros, lo que equivale a 2.54 cm.

Figura 1

Es recomendable consultar con los profesionales respectivos acerca del procedimiento matemático a detalle, recordando que es necesaria

---

[3] En la tabla original, los autores presentan una sola versión de lo que aquí se presentan como tablas 3 y 5. Pudiendo ser mayores si el calculista deseara ampliar utilizando instrumentos muy sencillos como la calculadora.

la relación con los conceptos del diseño y la construcción; y sólo hasta que se tiene la suficiente habilidad y, principalmente, la experiencia, podremos hablar de intentar construir a criterio, pero nunca antes.

Ejemplo 1

¿Cuál es el diámetro del bajante para un edificio de 4 niveles?

• Cada nivel tiene 4 departamentos con servicios mínimos respectivos.

• Se tienen 70 m^2 de azotea, siendo ésta plana.

A. 4^0 nivel (recibe "aguas" de la azotea)

Con toda la intención no se escogió un valor de área igual al de las tablas (las cuales podríamos "agrandar" para hacerlas más precisas) referenciadas páginas atrás, para abordar el cálculo por "interpolación". Por esa razón elegiremos los valores inmediato superior e inmediato inferior, en relación a los 70 m^2 de azotea.

En la tabla 1 escogemos para 50 m^2, 2" que, a su vez en la tabla 4, hallándole su área en cm^2 tenemos 20.27 cm^2. Y arriba de 50 m^2, se encuentran 90 m^2 (tabla 1) para 21/2", que también en la tabla 4 nos muestra que son 81.60 cm^2.[4]

Ordenando estos valores tenemos que:

21/2"	90 m^2	31.67 cm^2
2"	50 m^2	20.27 cm^2
	40 m^2	**11.40 cm^2**

Después de haber realizado la resta, reordenamos los valores (por regla simple o "regla de tres") del siguiente modo:

40 m^2 —————— 11.40 cm^2
(70 m^2-50 m^2) —————— **X**

Incluso, si queremos ser más explícitos, lo anterior puede simplificarse así:

40 m^2 ——— 11.40 cm^2
20 m^2 ——————— **X**

Y para quienes ya no recuerden cómo se desarrolla una regla simple, les presentamos lo siguiente:

$$X = \frac{20 \text{ m}^2 \times 11.40 \text{ cm}^2}{40 \text{ m}^2} =$$

Cancelando los términos semejantes tenemos que X= 5.70 cm^2, que a su vez será sumado con el valor menor 20.27 cm^2.

---

[4] Estos procedimientos matemáticos se tomaron de los apuntes elaborados por el ingeniero don Manuel González Larrazábal, QEPD.

$$A = 20.27 \text{ cm}^2 + 5.70 \text{ cm}^2 = \mathbf{25.97 \text{ cm}^2}$$

Este es el valor que se ha de incluir en la fórmula del círculo. Recordemos que ésta es la forma característica de un tubo, sin embargo, esto no debe impedirnos que podamos ofrecer a nuestros clientes el *desalojo reticular* (u ortogonal) a través de tablones o canales cerrados con cualesquiera de los muchos materiales como el tabique, tabicón, entre otros. Para lo cual no podría utilizarse una fórmula del círculo sino de un cuadrado o de la figura que se requiera.

Fórmula del círculo:

$$A = \frac{\pi d^2}{4}$$

Si despejamos "d" tenemos que:

$$d = \sqrt{\frac{4A}{\pi}}$$

Entonces sustituiremos en la variable A con el valor obtenido:

$$d = \sqrt{\frac{4 \times 25.97 \text{ cm2} =}{\pi}}$$

d = 5.75 cm/ 2.54 cm = **2.26"**

Es importante aclarar tres aspectos:
- El valor de 2.54 cm se está refiriendo a 1" (una pulgada), aun y cuando al final, en los planos este resultado deberá presentarse en milímetros (mm) tal y como lo indica el reglamento.
- En cualquier curso que esté relacionado con asuntos de la matemática, el resultado final deberá presentarse cuando menos hasta las centésimas 8 y a tinta), calificándose de reprobatorio si es que cualesquiera de estas unidades no fuese exacta.
- Es obvio que no hay diámetros de 2.26", sin embargo, debe aproximarse el resultado del diámetro sólo hasta que se trasladen los datos al plano ejecutivo, teniendo especial cuidado en verificar los diámetros comerciales que existan en ese momento en el mercado, y en la región en que nos encontremos trabajando.

B. 3er nivel

El valor de 2.26", hallado en el paso anterior, será el diámetro que se colocará en el tramo del 4^0 nivel (y nunca en la azotea), por esa razón, ahora que calculemos el diámetro de las aguas sucias del 4^0 nivel, y después de haberle sumado las de la azotea (para convertirlas a mixtas, se colocará el resultado en el tramo del 3er nivel (y no en el anterior). Y así sucesivamente, de tal forma que, para concluir, la planta baja o 1er nivel no evacúa a ningún bajante, sino al colector (más conocido en el medio de la construcción como el *albañal* que es, simplemente un tubo horizontal), porque se trata de un procedimiento absolutamente diferente, en lo que a método de cálculo se refiere.

Ahora abriremos dos conceptos:

a) Aguas pluviales: las cuales ya hemos calculado, hallando que tienen un área de 25.97 cm^2.

b) Aguas residuales: que son las de los 4 departamentos con servicios mínimos respectivos y naturalmente en tanques de descarga.

Un servicio mínimo reglamentario (ver tabla 2) consta de:

- Un baño completo que en la tabla 2 nos indica que son 8 UD.
- Un lavadero (para el patio de servicio) tiene 3 UD.
- Y, por último, el fregadero (de la cocina), el cual sólo cuenta con 2 UD.

Todo esto (sumado) nos da como resultado 13 UD que, multiplicadas por los 4 departamentos, nos arroja 52 UD.

4"	240 UD	81.60 cm^2
3"	30 UD	45.60 cm^2
	210 UD	36.00 cm^2

210 UD ——— 36.00 cm^2
(52 UD - 30 UD) ——— X

210 UD ——— 36.00 cm^2
22 UD ——— X

$$X = \frac{22 \text{ UD} \times 36.00 \text{ cm}^2}{210 \text{ UD}}$$

A = 3.77 cm^2 + 45.60 cm^2 = 49.37 cm^2
49.37 cm^2 + 25.97 cm^2 (las aguas pluviales) = **75.34 cm^2 = A**

$$d = \sqrt{\frac{4 \times 75.34 \text{ cm}^2}{\pi}} = 9.79 \text{ cm}$$

9.79 cm/ 2.54 cm = **3.85"**

C. 2^0 nivel

Nuevamente separamos los dos conceptos:

a) Pluviales 50.935 cm^2
b) Residuales 52 UD (4^0 nivel) + 52 UD (3er nivel) = 104 UD

4"	240 UD	81.60 cm^2
3"	30 UD	45.60 cm^2
	210 UD	36.00 cm^2

210 UD ——— 36.00 cm^2
(104 UD-30 UD) ——— X

210 UD ———— 36.00 cm²
74 UD ———————— **X**

$$X = \frac{74 \text{ UD} \times 36.00 \text{ cm}^2}{210 \text{ UD}} =$$

A = 12.68 cm² + 45.60 cm² **= 58.28 cm²**
58.28 cm² + 25.97 cm² (las aguas pluviales) = 84.25 cm² = A

$$d = \sqrt{\frac{4 \times 84.25 \text{ cm}^2}{\pi} = 10.35 \text{ cm}}$$

10.35 cm/ 2.54 cm = **4.07"**

D. 1ᵉʳ nivel
c) Pluviales 50.935 cm²
d) Residuales 52 UD (4⁰ nivel) + 52 UD (3ᵉʳ nivel) + 52 UD (2⁰ nivel) = 156 UD

4" 240 UD   81.60 cm²
3"   30 UD   45.60 cm²
     210 UD   36.00 cm²

210 UD ———— 36.00 cm²
(156 UD-30 UD) ———— **X**

210 UD ———— 36.00 cm²
126 UD ———————— **X**

$$X = \frac{126 \text{ UD} \times 36.00 \text{ cm}^2}{210 \text{ UD}} =$$

A = 21.60 cm² + 45.60 cm² **= 67.20 cm²**
67.20 cm² + 25.97 cm² (las aguas pluviales) = **93.17 cm²** = A

$$d = \sqrt{\frac{4 \times 93.17 \text{ cm}^2}{\pi} = 10.89 \text{ cm}}$$

10.89 cm/ 2.54 cm = **4.28"**

Sugerencia: Es recomendable desactivar de su calculadora el modo FIX (para que los valores no se redondeen), y active el modo Normal. Así como también deberá buscar en su pantalla el valor en grados (en inglés *Degree)*. Por lo que en su pantalla aparecerá como *Deg* (o también con la letra D), que es su abreviatura. Usualmente hay quien se confunde y deja activado *Gradientes* que al venir abreviado como *Grad* (o con la letra G) supone equivocadamente que son grados. Otro valor que pudiera activarse por error es el de *Radianes* (*Rad*). Los conceptos tanto de Radianes como de Gradientes tienen otras amplias utilidades para otras actividades o disciplinas.

Ejemplo 2

¿Qué diámetro se requiere para el siguiente bajante mixto?
- Edificio de 4 niveles.
- Cada nivel tiene 5 departamentos.
- Cada departamento con los servicios mínimos (obviamente con tanques de descarga).
  - La azotea tiene 50 m².
  - En el segundo nivel hay una bañera por cada departamento.
  - El tercer nivel tiene una terraza de 40 m².

Para responder a la pregunta anterior, es necesario considerar los valores de las tablas 1, 2, 3 y 4 correspondientes a las bajantes. Tampoco olvidemos que este tipo de actividades tienen que ver, tanto con el análisis matemático, como con el criterio constructivo y, aún más, con la enorme gama de posibilidades arquitectónicas. Se sugiere que en el croquis de cada pregunta se anote en cada nivel las respuestas del diámetro, sin olvidar que lo mejor es el desalojo separado de las aguas, tanto residuales como pluviales.

De la misma manera, se recomienda que los resultados se anoten en el bajante de este dibujo esquematizado, no olvidando que las lecturas de las gráficas correspondientes representan curvas, es decir, los valores del diámetro o sección no progresan geométricamente (su curva no crece proporcionalmente en tanto aumente la cantidad de los servicios, es decir, el aumento del diámetro es en menor grado). Por lo que se trata de una verdadera irresponsabilidad que para obviar los procedimientos matemáticos, sólo se haga el primer tramo del cálculo, y los demás simplemente se multipliquen por el número de veces o, como ya se dijo, por el número de tramos; esto es inexacto, ya que entonces las secciones o diámetros resultantes serán excedidos y por ello muy costosos, ya que las líneas posteriores (a los diámetros erróneos) ya no podrán ser menores a nuestros diámetros excedidos.

Ahora resolveremos este otro ejercicio donde, a propósito, se ha escogido que el área de la azotea sea igual a la incluida en la tabla 1, por lo que elegiremos directamente ese valor, es decir:

A. 4⁰ nivel (recibe aguas de la azotea)

| 2" | 50 m² | 20.27 cm² |

Recordemos que primero se utilizó la tabla 1 y posteriormente la tabla 4. También es importante señalar que el concepto utilizado (*la interpolación*) sólo se hace, obviamente, cuando no se encuentra el dato numérico directamente en la tabla. Pero si éste es localizado no existe ninguna justificación para volver a hacer todo este trámite matemático, ya que lo único que estaríamos demostrando es total desconocimiento de la utilidad de los procedimientos numéricos.

B. 3ᵉʳ nivel (recibe "aguas" de la azotea y del 4⁰ nivel)

La diferencia con el anterior ejercicio es que aquí se tienen 5 departamentos, aunque con los mismos servicios mínimos. Por lo que:

13 UD x 5 departamentos = 65 UD

4"	240 UD	81.60 cm²
3"	30 UD	45.60 cm²
	210 UD	36.00 cm²

210 UD ——————— 36.00 cm²

(65 UD-30 UD) ——————— **X**

210 UD ——————— 36.00 cm²

35 UD ——————— **X**

$$X = \frac{22 \text{ UD} \times 36.00 \text{ cm}^2}{210 \text{ UD}} =$$

A = 6.00 cm² + 45.60 cm² = **51.60 cm²**

51.60 cm² + 20.27 cm² (las aguas pluviales)= **71.87 cm² = A**

$$d = \sqrt{\frac{4 \times 71.87 \text{ cm}^2}{\pi} = 9.56 \text{ cm}}$$

9.56 cm / 2.54 cm = **3.76"**

C. 2⁰ nivel (recibe "aguas" de la azotea y de una terraza, 4⁰ y 3ᵉʳ niveles)

1⁰ pluviales:

Se tienen 50 m² de azotea y 40 m² de azotea, lo cual nos da un valor de 90 m². Por lo que entonces, de nueva cuenta se deberá tomar directamente el valor de la tabla, evitándonos desarrollar todo el procedimiento de la interpolación. Así que de la tabla 1:

21/2"	90 m²	81.60 cm²

2^0 residuales:

13 UD x 10 departamentos = 130 UD

4"	240 UD	81.60 cm^2
3"	30 UD	45.60 cm^2
	210 UD	36.00 cm^2

210 UD ———— 36.00 cm^2
(130 UD-30 UD) ———— X
210 UD ———— 36.00 cm^2
100 UD ———————— X

$$X = \frac{100 \text{ UD} \times 36.00 \text{ cm}^2}{210 \text{ UD}} =$$

A = 17.14 cm^2 + 45.60 cm^2 = **62.74 cm²**
62.74 cm^2 + 81.60 cm^2 (las aguas pluviales) = **144.34 cm² = A**

$$d = \sqrt{\frac{4 \times 144.34 \text{ cm}^2}{\pi}} = 13.55 \text{ cm}$$

13.55 cm / 2.54 cm **= 5.33"**

D. 1er nivel (recibe aguas de la azotea y la terraza, 4^0, 3er y 2^0 niveles)

1^0 pluviales. El área es de 81.60 cm^2
2^0 residuales.

12 UD x 15 departamentos = 195 UD

A este valor habrá que agregarle la bañera por cada departamento (véase tabla 2), es decir, 2 UD x 5 departamentos = 10 UD.
Entonces tenemos que 195 UD + 10 UD = 205 UD.

4"	240 UD	81.60 cm^2
3"	30 UD	45.60 cm^2
	210 UD	36.00 cm^2

210 UD ———— 36.00 cm^2
(205 UD-30 UD) ———— X
210 UD ———— 36.00 cm^2
175 UD ———————— X

$$X = \frac{165 \text{ UD} \times 36.00 \text{ cm}^2}{210 \text{ UD}} =$$

A = 30.00 cm^2 + 45.60 cm^2 = **75.60 cm²**
75.60 cm^2 + 81.60 cm^2 (las aguas pluviales)= **157.20 cm² = A**

$$d = \sqrt{\frac{4 \times 157.20 \text{ cm}^2}{\pi}} = 14.07 \text{ cm}$$

14.14 cm / 2.54 cm = **5.56"**

Debemos recordar que cuando las áreas, por ejemplo de azoteas, sean menores a los valores (mínimos) aparecidos en la tabla, escogeremos el valor más pequeño que aparezca en ella, es decir, el de 2", que son para 50 m^2, y que tienen un valor en la tabla 4 de 20.27 cm^2. Por la simple razón de que normativamente no pueden aceptarse diámetros de bajante mínimos a 2".

2.7 Ejercicios de repaso

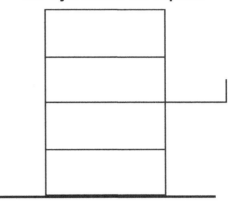

Azotea 54 m^2

4^0 nivel: 4 departamentos (servicios mínimos)

21.41 cm^2 d = 2.05"

70.78 cm^2 d = 3.73"

3er nivel: 4 departamentos (servicios mínimos), 2 bañeras por cada departamento y terraza de 36 m2

2^0 nivel: 6 medios baños (públicos)

92.69 cm^2 d = 4.27"

105.04 cm^2 d = 4.55"

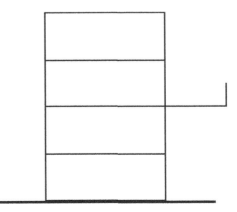

Azotea 50 m^2

4^0 nivel: 3 departamentos, cada uno con bañera (servicios mínimos)

20.27 cm^2 d = 2.00"
68.44 cm^2 d = 3.67"
3er nivel: 3 departamentos (servicios mínimos), y terraza de 40 m^2
2^0 nivel: 8 medios baños (públicos)
86.52 cm^2 d = 4.13"
102.98 cm^2 d = 4.50"

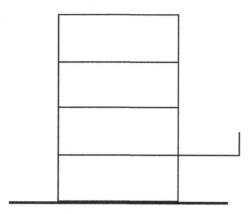

Azotea 90 m^2
4^0 nivel: 3 departamentos (servicios mínimos)
31.67 cm^2 d = 2 1/2" (2.50")
78.81 cm^2 d = 3.94"
3er nivel: 3 departamentos con bañera c/u
2^0 nivel: 6 medios baños (públicos) y 50 m^2 de terraza
86.52 cm^2 d = 4.13"
112.80 cm^2 d = 4.71"

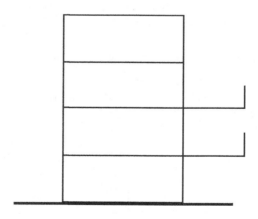

Azotea 30 m^2
4^0 nivel: 5 departamentos (servicios mínimos)
20.27 cm^2 d = 2 .00"
71.87 cm^2 d = 3.76"
3er nivel: 5 departamentos (servicios mínimos) con 2 bañeras c/u y
40 m^2 de terraza c/u
2^0 nivel 5 departamentos (servicios mínimos) y 20 m^2 de terraza
92.14 cm^2 d = 4.26"
108.98 cm^2 d = 4.63"

2.8 Ramales

Recordemos que el diámetro mínimo de *enlace* o *ramaleo* entre muebles deberá ser de 1 ¼" o 32 mm, sin importar si el análisis (aparentemente) indique una sección menor (y, obviamente, será mayor si el cálculo así lo exige). Además, a los *inodoros* o comúnmente llamados wc, nunca les corresponderá un diámetro menor a las 4" (pulgadas) o 100 mm (pudiendo también ser mayores si así lo señala la matemática).

Otras sugerencias de suma importancia son:

• Si se proponen distancias muy grandes entre muebles, los diámetros (o secciones) se incrementarán, aumentando con ello los costos. Además que los entrepisos deberán modificarse constructivamente, lo que por cierto no es tan común, y nos obligaría a demasiados artificios en el aspecto constructivo para disfrazar el tendido de la tubería.

• Si las pendientes son de más del 4%, seguramente que, entre más aumenten, se incrementarán las velocidades y así se agrandarán los diámetros, ocasionando de nueva cuenta mayor inversión en esa deficiente instalación. Es obvio que en algunos casos excepcionales esto no se puede impedir. Y de nuevo se recomienda evitarlo (hasta donde sea posible) para no tener que maniobrar constructivamente, con los *peraltes* (por ejemplo) de los entrepisos, ya que esto sería un segundo y muy grande problema de costo.

• Si es posible, deberá tratarse de que el último mueble por el que pase el ramal sea el inodoro o wc, para que de este modo, este mueble que es el más sucio y difícil de limpiar, se lave con las aguas jabonosas de los otros muebles y/o artefactos sanitarios. Además de que debemos recordar que para el wc el diámetro mínimo será de 4" y, así de grande el diámetro (y con las agua jabonosas), seguramente en menos ocasiones tendremos problemas.

• Es muy difícil creer que el sólo paso de las aguas lave este tramo de ramal que, por lo general, ha de desalojar residuos de mayor solidez, sin embargo, por otro lado es de aceptar que muy posiblemente las *heces fecales* logren removerse de ese lugar, además de que es más fácil conducir en un tramo corto este tipo de suciedades y, si a esto se añade que vengan acompañadas de las aguas jabonosas, entonces nuestro objetivo seguramente se logrará.

• Para el análisis de este capítulo podremos auxiliarnos de la tabla 5 y la siguiente figura:

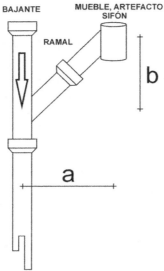

Por último, hay 2 fórmulas para la revisión de los ramales. Y es totalmente importante que se cumplan las dos (y no sólo una). Veamos cuáles son:

- b = a x pendiente = 100. Ésta, sin ser regla o fórmula, nos permite el inicio para plantear la aplicación de las dos reglas siguientes. Y es que aunque parezca exagerado, esta trivialidad resulta ser un verdadero desconocimiento, no sólo para el profesionista, en ocasiones lo es también para nuestros experimentados constructores.

- $2\phi \leq a \leq 48\ \phi$
- $b \leq \phi$

Donde:

b = desnivel, pendiente o inclinación, <u>en centímetros</u> entre cada mueble y/o artefacto.
a = la distancia entre muebles y/o artefactos sanitarios en centímetros.
ϕ = el diámetro propuesto en centímetros.

Evidentemente, los números que aparecen en las tres expresiones son constantes.

No olvidemos que una clara representación gráfica, así como un detallado cuadro de simbologías, habla de un arquitecto/a conocedor/a y, por tanto, de alguien en quien se puede confiar, no nada más en el aspecto profesional.

Ejemplo 3
¿Qué diámetros de ramaleo se requieren para la siguiente propuesta arquitectónica?

Distancias (tramos)
AC = 200 cm
BD = 240 cm
CD = 270 cm
Pendiente = 2%

Para visualizar este problema, nos apoyaremos en la siguiente figura:

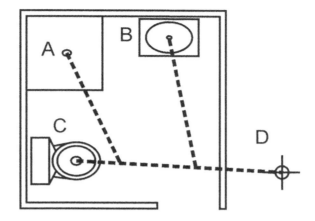

A. Tramo AC = 200 cm
1. $b = \dfrac{a \times pendiente}{100}$

$b = \dfrac{200 \times 2}{100} = 4.00\ cm$

Antes de continuar, nos ayudaremos del anterior resultado, para definir cuál es el diámetro que deberemos proponer, recordemos que cuando mucho puede ser igual, pero nunca mayor. Así que veamos:

El diámetro mínimo para un ramal, por norma debe ser mínimamente de 11/4" (32 mm). Esto equivale a multiplicar 1.25" (11/4") x 2.54 cm = 3.175 cm. Esto no sirve porque no puede estar nuestro valor por debajo de los 4 cm (ver tabla 5).

1.25" x 2.54 cm = 3.175 cm
1.50" x 2.54 cm = 3.81 cm
2.00" x 2.54 cm = 5.08 cm
3.00" x 2.54 cm = 7.62 cm
4.00" x 2.54 cm = 10.16 cm
…

Como puede observarse, el que nos sirve es el de 2.00" = 5.08 cm, entonces:

2. 1ª Regla
$2\phi \leq a \leq 48\ \phi$

$2(5.08) \leq 200\ cm \leq 48\ (5.08\ cm)$
$10.16\ cm \leq 200\ cm \leq 243.84\ cm$

Podemos ver que esta primera regla se cumple satisfactoriamente. Revisemos ahora la segunda.

3. 2ª Regla

$b \leq \phi$

4.00 cm $\leq$ 5.08 cm

También aprueba esta segunda condicionante, por lo que se acepta este diámetro para el tramo AC.

Un croquis al respecto, nos puede ayudar un poco más a comprender de lo que estamos hablando, aunque no debemos olvidar que este gráfico sólo se presenta para fines didácticos, pero nunca es obligatorio incluirlo en plano ejecutivo:

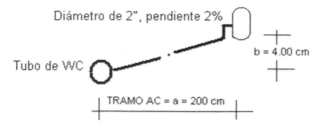

Coladera para regadera

Diámetro de 2", pendiente 2%

b = 4.00 cm

Tubo de WC

TRAMO AC = a = 200 cm

B. Tramo BD = 240 cm

1. $b = \dfrac{240 \times 2}{100} = 4.80$ cm

De nueva cuenta observamos que sirve también el diámetro de 2.00″ = 5.08 cm. Entonces:

2. 2(5.08 cm) $\leq$ 200 cm $\leq$ 48 (5.08 cm)

10.16 cm $\leq$ 200 cm $\leq$ 243.84 cm

3. 4.80 cm $\leq$ 5.08 cm

El croquis ahora va desde el lavabo hasta el tubo de wc, que está a punto de empalmarse al tubo del bajante. Es necesario señalar que los dibujos no se encuentran a escala, además de que generalmente en estos procedimientos no es imprescindible realizar los croquis.

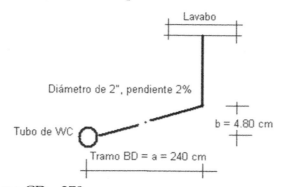

Lavabo

Diámetro de 2", pendiente 2%

b = 4.80 cm

Tubo de WC

Tramo BD = a = 240 cm

C. Tramo CD = 270 cm

1. $b = \dfrac{270 \times 2}{100} = 5.40$ cm

En este caso vemos que ya no nos es útil el diámetro de 2.00", por lo que propondremos el de 3.00" = 7.62 cm.

2. $2(7.62 \text{ cm}) \leq 200 \text{ cm} \leq 48(7.62 \text{ cm})$

$15.24 \text{ cm} \leq 200 \text{ cm} \leq 365.76 \text{ cm}$

3. $5.40 \text{ cm} \leq 7.62 \text{ cm}$

Y el croquis, que va desde el wc hasta el bajante, nos queda del siguiente modo:

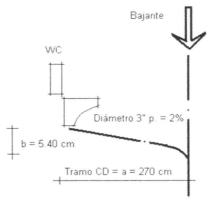

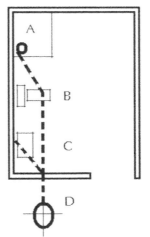

¿Qué diámetros de *ramaleo* se requieren para la siguiente propuesta arquitectónica?

Distancias (tramos)
AB = 90 cm
BD = 210 cm
CD = 120 cm
Pendiente = 8%

En este caso, aunque ya propusimos más adecuadamente la ubicación de los muebles sanitarios y la coladera de la regadera, aunque esto resultaría poco probable y menos recomendable, las pendientes están exageradas. Es necesario que puedan compararse las ventajas en un proyecto que se va a edificar, y así tener la posibilidad de reflexionar más a detalle las soluciones que habremos de proponer al cliente en el aspecto de las instalaciones sanitarias.

A. Tramo AB = 90 cm
   1. b = $\dfrac{90 \times 8}{100}$ = 7.20 cm

Observamos que el diámetro adecuado es de 3.00" = 7.62 cm. Entonces:

2. 2(7.62 cm) ≤ 90 cm ≤ 48 (7.62 cm)

   15.24 cm ≤ 90 cm ≤ 365.76 cm

3. 7.20 cm ≤ 7.62 cm
El croquis quedará del siguiente modo:

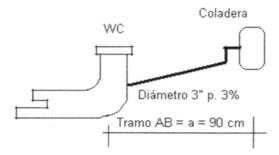

Corroboremos lo grande que sale el diámetro, por haber cometido la exageración de proponer una pendiente de este tipo. Sin embargo, aprovechemos este caso para señalar que cuando se trabajen las pendientes tan fuera de lo común, es necesario prever que no se puedan utilizar las secciones ordinarias, es decir, como si se tratase de una pendiente (por ejemplo) del 2%, que generalmente con 2" es suficiente (dependiendo también de que no se trate de una larga distancia).

B. Tramo BD = 210 cm
   4.   b = $\dfrac{210 \times 8}{100}$ = 16.80 cm

Vemos que el diámetro adecuado es (si fuese par) de 8.00" = 20.32 cm. Entonces:

5. 2(20.32 cm) ≤ 210 cm ≤ 48 (20.32 cm)

   20.64 cm ≤ 210 cm ≤ 975.36 cm

6. 16.80 cm ≤ 20.32 cm

El croquis quedará así:

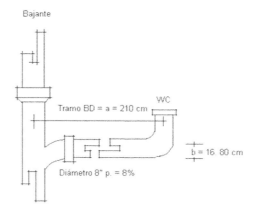

Nuevamente invitamos al lector a reflexionar que una pendiente impacta directamente en la sección de un tubo.

C. Tramo CD = 120 cm
    7. $b = \dfrac{120 \times 8}{100} = 9.60$ cm

El diámetro requerido es de 4.00″ = 10.16 cm. Entonces:

8. $2(10.16 \text{ cm}) \le 120 \text{ cm} \le 48\,(10.16 \text{ cm})$

20.64 cm ≤ 120 cm ≤ 487.68 cm

9. 9.60 cm ≤ 20.32 cm

Quedando el croquis de esta manera:

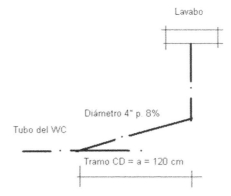

2.9 Ejercicios de evaluación

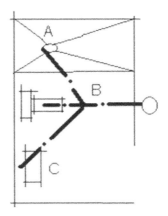

Distancias   (tramos)
AB = 300 cm
CB = 350
BD = 400
Pendiente = 4%
AB = 5″ 12 cm
CB = 6″ 14
BD = 7″ 16

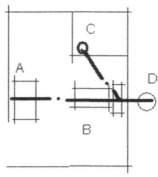

Distancias   (tramos)

AB = 270 cm	Pendientes	5%	6″	13.50 cm
CB = 210 cm		4%	4″	8.40 cm
BD = 190 cm		5%	4″	9.50 cm

Pendiente = 4%
Por lo tanto: BD = 6″: AB = 6″

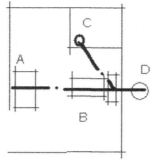

Distancias   (tramos)

AB = 290 cm	Pendientes	4%	5″	11.60 cm
CB = 240 cm		5%	5″	12.00 cm
BD = 210 cm		4%	4″	8.40 cm

Pendiente = 4%
Por lo tanto BD = 5″: AB = 5″

2.10 Colectores

Una de las primeras recomendaciones en este punto, será que se reflexionen, tanto en el aspecto constructivo, de cálculo, estético y muy específicamente en el modo algebraico, las diferentes expresiones matemáticas que tienen que ver no sólo con las instalaciones sanitarias sino con la hidráulica y, por si fuese poco, con otros temas que también merecen además de cuidado, precaución, específicamente se hace referencia a la instalación del gas.

Carga por fricción de la fórmula de Darcy
$h = f \, l/d \quad v^2/2g$
Donde:
h = pérdida de carga de fricción
f = coeficiente
l = longitud de la tubería en metros
d = diámetro del tubo en metros
v = velocidad en metros / segundo
g = gravedad en metros / segundo^2

Otra de las expresiones importantes que necesariamente se utilizarán es la de la velocidad, fórmula de Manning muy conocida en más de una presentación algebraica y otros temas relacionados con la arquitectura y las ingenierías.

Fórmula de la velocidad de Manning
$v = 1/n \quad r^{2/3} \, s^{1/2}$
Donde:
v = velocidad en metros/segundo
n = coeficiente de Horton, donde se indica calidad y tipo de tubería, la excepción es el PVC, su único valor equivale a 0.009
r = radio hidráulico
s = pendiente

De las fórmulas anteriores se pueden deducir las dos siguientes, utilizadas comúnmente para este capítulo.[5]

a) la pendiente
$s = (v \times n \,/\, r^{2/3})^2$

b) el radio hidráulico
$r = \sqrt[3]{(v \times n \,/\, s^{1/2})}$

De esta última se puede maniobrar matemáticamente para conocer el diámetro y de esta manera tener el preámbulo para la fórmula principal que puede usarse para los desalojos horizontales de las aguas pluviales, residuales o las (lamentablemente) mixtas, que tanto han dañado a nuestro medio ambiente, recomendándose por eso que el desalojo sea separado, es decir; por un lado las *pluviales* y por el otro las *residuales* (equivocadamente conocidas como *aguas negras*). Aunque

---

[5] Herrera Sordo, Luis (2000). *Agenda del constructor*. Editorial Agenda del Abogado, p. 175. Nota: lo siguiente es una versión de las posibilidades algebraicas de la presentación, tanto del radio hidráulico = r (para los diámetros) como de la pendiente = s.

para esto tendríamos que convencer a nuestras mismas autoridades para que instalaran tuberías municipales de desalojo separadas.

Recordemos que se trabaja para $^{1/3}$ de la capacidad, ya que es drenaje doméstico o domiciliario y, que de ningún modo (por tratarse de un tema bastante amplio) se analizarán los drenajes municipales, los que por cierto se consideran al ½ de su capacidad. Es obvio que ningún tipo de drenaje (ni domiciliario ni mucho menos municipal) se calcula para tubo lleno como, desafortunadamente (y no por descuido) algunos corruptos constructores ejecutan la instalación de la tubería, la cual nunca sirve adecuadamente, ya que con cualquier lluvia ligeramente mayor es desbordada, poniendo en riesgo la salud y hasta la seguridad de la comunidad.

Antes de entrar de lleno en el capítulo de los colectores, deberemos recordar que hay otras recomendaciones más que indicar.

•   Cada región, sin importar que abarque a más de un estado y municipio, puede tener precipitaciones pluviales diferentes, y es absolutamente necesario tenerlo en cuenta, ya que de ello depende la proposición de diámetros los que, por esa razón, serán completamente distintos por cada localidad.

•   Además de que en los colectores pluviales y los registros desarenadores, la *compacidad* de los terrenos tiene que ver con el hecho de que un tipo de suelo duro requiera de mayor diámetro del tubo para el desalojo pluvial, que otro terreno más blando, que al absorber mayor lluvia, no necesite mandar tanta agua a la tubería, requiriendo por consecuencia de una sección o diámetro menor que en el caso anterior.

•   Esto quiere decir que es absolutamente reprobable la actitud asumida por algunos constructores que, sin mayor reparo, se toman la atribución de actuar de forma arbitraria al colocar tubería por métodos aproximados (en el mejor de los casos), o por simple criterio.

En los siguientes ejercicios vamos a intentar llevar a cabo una serie de prácticas matemáticas tanto en la calculadora como en la reflexión algebraica, antes de entrar a la fórmula general de los colectores, por lo tanto, esto nos va a servir como introducción para dicho tema.

Preguntas

¿Con qué velocidad circulará el agua en un colector con las siguientes características?

•   Tubería de PVC
•   Diámetro de 6″ (150 mm)
•   Pendiente del 2%. Por trabajarse ahora en unidades de metros, entonces 2% = 0.02

En este apartado las unidades ya se trabajarán en metros, y no como en los ramales, que se recomendó en centímetros.

¿Qué pendiente necesita el colector con las siguientes condiciones?

•   La velocidad del agua es de 1.00 m/s
•   La tubería es de cemento pulido de mala calidad (verificar su valor en las tablas de Horton)
•   La pendiente es del 4% (0.04)

¿Qué diámetro requiere el colector en las siguientes circunstancias?
- La velocidad del agua es de 3.00 m/s
- La tubería es de concreto de mediana calidad (verificar su valor en las tablas de Horton)
- La pendiente es del 3%

De nueva cuenta se recomienda practicar con estas preguntas cambiando la calidad y tipo de la tubería, el diámetro y, sobre todo, empezar a acostumbrarse al efecto que la pendiente ejerce sobre el diámetro, ya que entre más pronunciada es la inclinación, se habrá de necesitar mucha mayor sección o diámetro de lo que habitualmente se supone. Evidentemente que esto no quiere decir que evitemos la inclinaciones pronunciadas en las losas de azotea o en los jardines (entre otras cosas), por el contrario, es posible que debamos demostrar carácter y audacia en los proyectos, pero todo esto deberá hacerse con responsabilidad.

2.11 Demostración algebraica de la fórmula de los colectores trabajando a 1/3 de su capacidad[6]

En la recolección del *agua servida* (se le denomina así por haber prestado un servicio o uso) y para *tubos domésticos*, se recomiendan las siguientes pendientes:
- en tubos domésticos se recomienda del 1% al 4% para evacuaciones de aguas residuales, resultando la óptima (igual que en el capítulo de los ramales) la de 2%.
- para aguas pluviales se toman en cuenta las precipitaciones pluviales por región.

La capacidad de los colectores no se suponen trabajando al 100%, sino a 1/3 de su capacidad.

En la recolección del agua servida y para tubos domésticos se recomiendan las siguientes pendientes:
- en tubos domésticos se recomienda del 1% (0.001) al 4% (0.004) para evacuaciones de aguas residuales.
- para aguas pluviales se toman en cuenta las precipitaciones pluviales por región, las unidades más comunes son en mm/h.

La capacidad de los colectores no se suponen trabajando al 100%, sino a 1/3 de su capacidad.

---

[6] Esta demostración matemática y la de la fórmula $d = 3.77546 \left[(n \times q / s^{1/2}) \right]^{3/8}$ fueron tomadas también de los apuntes del ingeniero don Manuel González Larrazábal, QEPD: ejemplar catedrático de la Facultad de Arquitectura de la BeneméritaUniversidad Autónoma de Puebla.

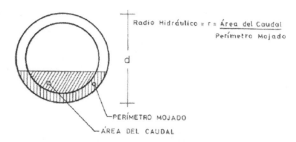

Acorde con lo anterior, y si sustituimos sus expresiones matemáticas, tenemos que:

$$r = \frac{\dfrac{\pi d^2}{4}\dfrac{1}{3}}{\dfrac{\pi d}{1}\dfrac{1}{3}} = \frac{\pi d^2}{4\pi d} =$$

Cancelando sus semejantes tenemos la Ecuación 1 (Ec. 1):

$r = \dfrac{d}{4}$ Ec.1

La cual ha de encontrar su similar cuando se trabaje el tema de la *velocidad*, la *pendiente* y el *radio hidráulico*, donde se incorporen las dos primeras para utilizar este concepto en el cálculo de los diámetros o secciones. Estos tres tópicos son los únicos que no serán utilizados en la memoria de cálculo. Sin embargo, será necesario verlos, porque son base importante para el entendimiento de su expresión matemática principal final, la cual es la que tradicionalmente se empleará.

Demostrar a raíz de:

$Hf = \dfrac{flv^2}{d_x 2g}$

Donde:
hf= pérdida de cargas por rozamiento
f= coeficiente de fricción
L= longitud en metros
V= velocidad con que circula el agua

Y la forma general es:
$V = \dfrac{1}{n} r^{2/3} S^{1/2}$

Partiendo entonces de:

$Hf = \dfrac{flv^2}{d2g}$ \qquad $hf = \dfrac{flv^2}{dx2g}$

Pendiente = m = tan α
Pendiente = inclinación = S

① ② ③

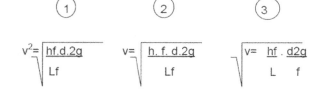

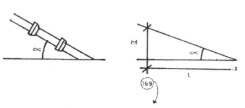

④ Sustituyendo:

$$\tan \alpha = \frac{Co}{CA} = \frac{hf}{L}$$

$$\tan \alpha = S$$

$$\frac{hf}{L} = S$$

$$V = \sqrt{S \cdot \frac{d2g}{f}}$$

⑤ Recordando Ec. 1

$$r = \frac{d}{4}$$

⑥ Despejando "d"

$$d = 4r$$

⑦

$$V = \sqrt{\frac{S.4r. 2g}{f}}$$

⑧

$$V = \sqrt{\frac{8g}{f}}$$

⑨

$$\sqrt{\frac{s \cdot r}{f}}$$

⑩

$$\sqrt{\frac{8g}{f}} = \text{Constante}$$

Sustituyendo en paso 7

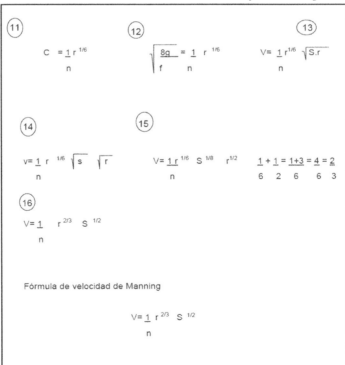

⑪

$$C = \frac{1}{n} r^{1/6}$$

⑫

$$\sqrt{\frac{8g}{f}} = \frac{1}{n} r^{1/6}$$

⑬

$$V = \frac{1}{n} r^{1/6} \sqrt{S.r}$$

⑭

$$V = \frac{1}{n} r^{1/6} \sqrt{s} \sqrt{r}$$

⑮

$$V = \frac{1}{n} r^{1/6} S^{1/8} r^{1/2} \qquad \frac{1}{6} + \frac{1}{2} = \frac{1+3}{6} = \frac{4}{6} = \frac{2}{3}$$

⑯

$$V = \frac{1}{n} r^{2/3} S^{1/2}$$

Fórmula de velocidad de Manning

$$V = \frac{1}{n} r^{2/3} S^{1/2}$$

Comprobación algebraica:

$$\sqrt{\frac{8g}{f}} = \frac{1}{n} r^{1/6}$$

$$\sqrt{\frac{m}{seg^2}} = \frac{1}{n}(m)^{1/6} \longrightarrow \sqrt{\frac{m}{seg^2}} = \frac{1}{n} m^{1/6} \longrightarrow \left(\frac{m}{seg^2}\right)^{1/2} = \frac{1}{n} m^{1/6} \longrightarrow \frac{m^{1/2}}{seg} = \frac{1}{n} m^{1/6}$$

$$n = \frac{m^{1/6}}{m^{1/2}} seg = m^{1/6-1/2} seg = m^{(1-3/6)} seg. = m^{-2/6} seg. = m^{-1/3} seg. = \frac{seg.}{m^{1/3}}$$

$$v = \frac{r^{2/3} S^{1/2}}{n} = \frac{m^{2/3}}{seg/m^{1/3}} = \frac{m^{2/3}}{seg.} \cdot m^{1/3} = \frac{m^{3/3}}{seg.} = \frac{m^{1}}{seg.} = \frac{m}{seg.}$$

EJERCICIOS:

1.

V= ?
n= Barro vitrificado mediana Calidad = 0.015
s= 8% (0.08)
d= 8 "

$V = \frac{1}{0.05}(0.0508)^{2/3} =$ **2.58 m/s**

1'

V= ?
n=cemento pulido perfecta calidad = 0.010
s= 10% (0.10)
d= 10 "
$V = \frac{1}{0.010}(0.0635)^{2/3} (0.10)^{1/2} =$ **5.03 m/s**

1"

V= ?
n= PUC= 0.009
s= 9% (0.09)
d= 9"
$V = \frac{1}{0.009}(0.05715)^{2/3} (0.09)^{1/2} =$ **4.94 m/s**

1.

S=?
n=0.015
d=6"
V= 3m/s

$$S = \left\{ \frac{(3)(0.015)}{(0.0381)^{2/3}} \right\}^2$$

S= 0.157951974
S= 15.79%

1'

S=?
n=0.010
d=8"
V= 2m/s

$$S = \left\{ \frac{(2)(0.010)}{(0.0508)^{2/3}} \right\}^2$$

S= 0.021260576
S= 2.12%

1″

S=?

n=0.009

d=7″

V= 1m/s

$$S= \left\{ \frac{(1)\,(0.009)}{(0.04445)^{2/3}} \right\}^{2}$$

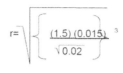

S= 0.005144257

S= 0.51%

1.

d=?

s=2%

v=1.5m/s

n= 3m/s

$$r= \sqrt{\left\{ \frac{(1.5)\,(0.015)}{\sqrt{0.02}} \right\}^{3}}$$

r= 0.063 x 4 x 100= 25.38/2.54 = **9.99″**

1′

d=?

s=3%

v=2.30m/s

n= 0.010

$$r= \sqrt{\left\{ \frac{(2.30)\,(0.010)}{\sqrt{0.03}} \right\}^{3}}$$

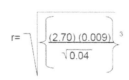

r= 0.048 x 4 x 100= 19.35/2.54 = **7.62″**

d=?

s=4%

v=2.70m/s

n=0.009

$$r= \sqrt{\left\{ \frac{(2.70)\,(0.009)}{\sqrt{0.04}} \right\}^{3}}$$

r= 0.042 x 4 x 100= **6.66″**

2.11 Colectores en función de la pendiente y del gasto o caudal para el caso de 1/3 de su capacidad (domiciliarios o domésticos)

Una de las muchas formas matemáticas que un colector (el cual involucre a las aguas pluviales, residuales y mixtas) pueda tener, es la siguiente:

$$d = 3.77546 \left[\left(n \times Q / s^{1/2} \right) \right]^{3/8}$$

Donde:
d = diámetro en centímetros
n = tipo y calidad de tubo
Q = caudal en l / m (litros/minuto)
s = la pendiente

Es importante indicar que conforme transcurre el tiempo, las reglas, cuando menos en teoría, debieran tender a mejorar los resultados de las propuestas de cálculo y, con mayor razón, reflejándose en el aspecto estructural y constructivo. Esto quiere decir que en muchas ocasiones nos llegamos a acostumbrar a determinados procedimientos que, conforme avancen los conocimientos en la ciencia, seguramente irán cambiando para mejorar el servicio que ofrecemos al cliente.

Colectores residuales

Uno de los primeros problemas que debemos resolver es el de los colectores residuales, no a la manera tradicional, es decir, con la simple consulta directa de las tablas, sino de una forma más responsable. Y qué mejor modo de hacerlo que utilizando, por ejemplo, la anterior expresión matemática, donde puede trabajarse con la exactitud numérica y con un adecuado criterio en los aspectos arquitectónicos, constructivos y estéticos.

Preguntas

¿Qué diámetro requiere el colector residual en las siguientes circunstancias?
- Es un edificio de 4 niveles.
- Cada nivel cuenta con 4 departamentos
- Cada departamento tiene los servicios mínimos reglamentarios
- Las aguas pluviales están separadas
- La pendiente es del 2 % (0.02)
- La tubería es de concreto de buena calidad (verificar las tablas de Horton)

¿Qué diámetro necesita el colector o albañal con las siguientes condiciones?
- Es un edificio de 4 niveles

- Cada nivel cuenta con 4 departamentos
- Cada departamento tiene los servicios mínimos reglamentarios
- La azotea es de 90 m²
- La pendiente es del 2%
- La precipitación pluvial es de 70 mm/h
- La tubería es de concreto de mala calidad (verificar las tablas de Horton)

Podemos hacer de estas preguntas muchas variantes, tantas como consideremos que se puedan aplicar para distintas regiones. Es decir, la precipitación pluvial anterior corresponde a la región de Puebla, sin embargo, podemos utilizar la de Tabasco, por ejemplo, y usar otras pendientes con tipos y calidades de tubo diferentes.[7]

Colectores pluviales
Preguntas
¿Qué sección se requiere para el albañal bajo las siguientes necesidades?
- Es un jardín de 200.00 m²
- La pendiente es del 2% (0.02)
- Hay una zona de estacionamiento de 160.00 m²
- El tubo es de PVC (0.009)
- El coeficiente de impermeabilidad es del 80% (en metros es de 0.80)
- La precipitación pluvial es de 100 mm/h

Colectores mixtos
Preguntas
¿Qué sección se requiere para el albañal bajo las siguientes necesidades?
- Es un edificio de 4 niveles
- Cada nivel cuenta con 4 departamentos
- Cada departamento tiene los servicios mínimos reglamentarios
- La azotea es de 90.00 m²
- La pendiente es del 2% (0.02)
- Hay una zona de estacionamiento de 160.00 m²
- El área de jardín es de 200.00 m²
- La precipitación pluvial es de 120 mm/h
- La tubería es de concreto de perfecta calidad (verificar las tablas de Horton)
- El coeficiente de impermeabilidad es del 80% (0.80)

En líneas anteriores se comentó de las *compacidades* (durezas) del terreno, es importante insistir en la importancia de hacer las pruebas

---

[7] Las lluvias difieren por región, y los datos de las precipitaciones pluviales se conseguirán en las dependencias oficiales correspondientes, recordando que generalmente sus unidades se trabajan en promedio anual. Lo cual no debiese presentar mayor problema, dado que la transformación a litros/minuto es muy simple.

de absorción del terreno y de esta manera conocer el coeficiente de impermeabilidad que utilizaremos para hacer la conversión del área original de jardín que tengamos. Una buena cantidad de calculistas, prefieren obviarse el trabajo de analizar las compacidades del terreno, proponiendo directamente el mayor coeficiente de impermeabilidad que viene siendo del 80% (coeficiente más alto normativamente hablando), el cual al pasarlo al análisis matemático se transforma en 0.80, un valor que no contará con ningún tipo de unidad.

Preguntas

¿Qué secciones se requieren para los siguientes albañales bajo estas condiciones?

- Cada cuadro siguiente se refiere a un núcleo de servicios sanitarios, superficie pavimentada o área de jardín con su obvio coeficiente impermeable o de impermeabilidad.
- Precipitación pluvial 90 mm/h

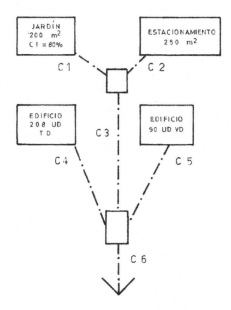

- Por otra parte, para este ejercicio todas las pendientes las supondremos al 4% (0.04). Pero recordemos que antes del ingreso a cada registro, es común la diferencia de las pendientes. De todas formas, en este ejemplo la estamos considerando un poco excedida.
- El tubo es de fo. fo. (fierro fundido) de mala calidad.

¿Qué diámetros se necesitan para los siguientes colectores bajo estas características?

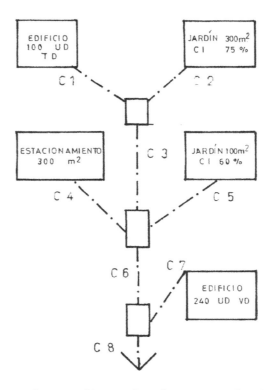

- Supongamos las pendientes iguales para todo el recorrido, la cual será del 2% (0.02)
- La tubería será de concreto de mediana calidad (Horton)
- PP. 100 mm /h

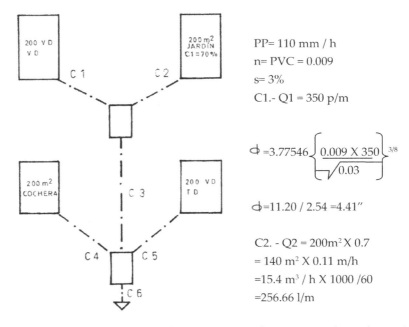

PP= 110 mm / h

n= PVC = 0.009

s= 3%

C1.- Q1 = 350 p/m

$$\phi = 3.77546 \left\{ \frac{0.009 \times 350}{\sqrt{0.03}} \right\}^{3/8}$$

$\phi = 11.20 / 2.54 = 4.41''$

C2. - Q2 = 200m² X 0.7

= 140 m² X 0.11 m/h

=15.4 m³ / h X 1000 /60

=256.66 l/m

Por ejemplo, en el Colector 1 (C1) sólo se transformó en el gráfico de las curvas (verificando si son válvulas o tanques de descarga) de UD a litros/minuto. La pendiente se transformó para poder usarse en metros. Al egresar de la fórmula se transforma temporalmente a pulgadas, ya que al final, en el plano deberá hacerse en mm.

Para el Colector 2 (C2) debemos considerar que el coeficiente de impermeabilidad (CI), es del 70%, el cual se obtiene de hacer pruebas sobre el terreno para saber si es demasiado duro (80% como máximo, demandando mayor diámetro) o muy blando (60% como mínimo requiriendo menor sección).

Si trabajásemos sobre áreas normales (tratándose de jardines, o cualquier terreno permeable), sin considerar el CI, estaríamos cargándole la cuenta al bolsillo de nuestro cliente, una cuenta que se traduce en un diámetro innecesariamente mayor al requerido.

Decíamos que a los 200 m² le obtenemos (previa multiplicación por su CI correspondiente) su valor real de 140 m², para después multiplicarlo por la precipitación pluvial, que originalmente fue de 110 mm/h, la cual, al transformarse a m, quedó como 0.11 m/h.

Después recordamos que 1.00 m³ (un metro cúbico) contiene aproximadamente 1,000 litros, por lo que habrá de multiplicar el anterior valor, posteriormente se dividirá por el valor de una hora, que en minutos serán 60, para convertir a caudal en l/m.

$$\phi = 3.77546 \left\{ \frac{0.009 \times 256.66 \text{ l/m}}{\sqrt{0.03}} \right\}^{3/8}$$

ϕ = 9.97 / 2.54 = 3.92"

C3. - Q3 = 350+256.66 l/m = 606.66 l/ m

Cuando tenemos dos caudales de origen distinto, es decir por un lado las pluviales y por el otro las residuales (como el C3), es posible sumar directamente los caudales, de lo contrario, por separado deberán trabajarse las áreas en m² y su correspondiente transformación (para los caudales pluviales) y, aparte las residuales con su respectiva transformación en la gráfica de curvas (para los caudales residuales).

$$\phi = 3.77546 \left\{ \frac{0.009 \times 606.66 \text{ l/ m}}{\sqrt{0.03}} \right\}^{3/8}$$

ϕ = 13.77" / 2.54 = 5.42"

C4.- Q4 = 200 m² X 0.11m/h=
22m³/h X 1000/ 60 =
=366.66 l/ m

$$\phi = 3.77546 \left\{ \frac{0.009 \times 366.66 \text{ l/ m}}{\sqrt{0.03}} \right\}^{3/8}$$

ϕ = 11.40 / 2.54 = 4.48"

C5.- Q5 = 200VD TD ~ 250 l/m

$$\phi = 3.77546 \left\{ \frac{0.009 \times 250}{\sqrt{0.03}} \right\}^{3/8}$$

$$\phi = 9.87 / 2.54 = 3.88''$$

C6 = Q6   Residuales   400 VD

(Verificando en las gráficas) ~ 490 l/m

C6= Pluviales Q6 = 140+ 200 = 340m^2

340 X 0.11=37.4m3 / h X 1000 / 60=

623.33 l/m

Q6T= 490 + 623.33 l/m = 1113.33 l /m

$$\phi = 3.77546 \left\{ \frac{0.009 \times 1113.33\ l/m}{\sqrt{0.03}} \right\}^{3/8}$$

$$\phi = 17.29 / 2.54 = 6.80''$$

Cuando se presenta a revisión el proyecto, deberán hallarse los diámetros inmediatos superiores, cuidando que existan en el mercado del lugar donde nos encontremos trabajando; es más, se recomienda que el ejecutante de la obra esté perfectamente enterado de los costos y su respectiva colocación (cuando menos de modo general).

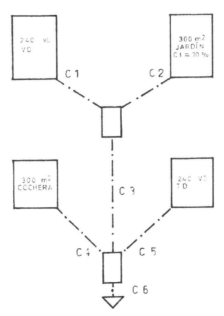

PP= 110 mm / h

n= 0.009

s= 5%

C1.- Q1 = 240 VD(VD) ~ 375 l/m

$$\phi = 3.77546 \left\{ \frac{0.009 \times 375}{\sqrt{0.05}} \right\}^{3/8}$$

ϕ =10.44 / 2.54 =4.11″

C2.- Q2 = 300m² X 0.7

= 210 m³ X 0.11 / h X 1000 /60

=385 l/m

ϕ =3.77546 $\left\{\dfrac{0.009 \times 385}{\sqrt{0.05}}\right\}^{3/8}$

ϕ =10.55 / 2.54 = 4.15″

C3.- Q3 = 385 375= 760 l/ m

ϕ =3.77546 $\left\{\dfrac{0.009 \times 760}{\sqrt{0.05}}\right\}^{3/8}$

ϕ =13.61 / 2.54 = 5.36″

C4.- Q4 = 300 X 0.11=

33 X 1000/ 60 =

=550 l/ m

ϕ = 3.77546 $\left\{\dfrac{0.009 \times 550}{\sqrt{0.05}}\right\}^{3/8}$

ϕ =12.06 / 2.54 = 4.74″

C5.- Q5 = 275 l/m (240 VD { TD6)

ϕ =3.77546 $\left\{\dfrac{0.009 \times 275}{\sqrt{0.05}}\right\}^{3/8}$

ϕ =9.30 / 2.54 = 3.66″

C6= Q6   Residuales   480 VD

Q= 500 l/m

C6= Pluviales Q6

300 X 0.7=

210 m²+ 300 m² = 510 m²

510 m² X 0.11=56.1 X 1000 / 60=

935 l/m

Q6m Mixto=

500 + 935 = 1415 l /m

ϕ =3.77546 $\left\{\dfrac{0.009 \times 1415}{\sqrt{0.05}}\right\}^{3/8}$

ϕ =17.28 / 2.54 = 6.80″

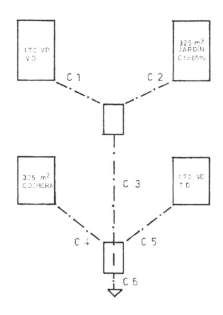

PP= 90 mm / h

n= tubería con cemento pulido perfecta calidad = 0.010

s= 4%

C1.- Q1 = 170 VD ~ 325 l / m

$$\phi = 3.77546 \left\{ \frac{0.010 \times 325}{\sqrt{0.04}} \right\}^{3/8}$$

$$\phi = 10.74 / 2.54 = 4.22''$$

C2.- Q2 = 325 X 0.65=211.25m²

X0.09= 19.0125 X 1000 /60

=316.875 l/m

$$\phi = 3.77546 \left\{ \frac{0.010 \times 316.875}{\sqrt{0.04}} \right\}^{3/8}$$

$$\phi = 10.63 / 2.54 = 4.18''$$

C3.- Q3 = 325 + 316.875= 641.875 l/ m

$$\phi = 3.77546 \left\{ \frac{0.010 \times 641.875}{\sqrt{0.04}} \right\}^{3/8}$$

$$\phi = 13.86 / 2.54 = 5.45''$$

C4.- Q4 = 325 X 0.09 =29.25 X 1000 /60

=487.50 l/ m

ϕ =3.77546 $\left\{\dfrac{0.010 \times 487.5}{\sqrt{0.04}}\right\}^{3/8}$

ϕ =12.50 / 2.54 = 4.92″

C5.- Q5 = 160 TD ~225 l/m

ϕ =3.77546 $\left\{\dfrac{0.010 \times 225}{\sqrt{0.04}}\right\}^{3/8}$

ϕ =9.35 / 2.54 = 3.68″

C6= Q6 =~450 l/m   Residual   VD
C6= Pluviales
211.25+325=536.25m^2 X 0.09=
48.2625m^3 /h X 1000 / 60= 804.375 l/m
MIXTO=450 + 804.375 = 1254.375 l/m

ϕ =3.77546 $\left\{\dfrac{0.010 \times 1254.375}{\sqrt{0.04}}\right\}^{3/8}$

ϕ =17.82 / 2.54 = 7.01″

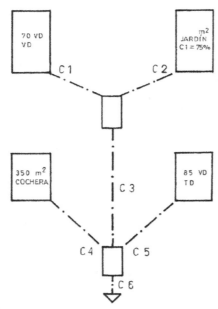

PP= 120 mm / h
n= PVC= 0.009
s= 5%

El jardín 350 m^2 y C.I. 75%
C1.- Q1 = 70 VD (VD)~ 225 l/m

$$\phi = 3.77546 \left\{ \frac{0.009 \times 225}{\sqrt{0.05}} \right\}^{3/8}$$

$$\phi = 8.62 / 2.54 = 3.39''$$

C2.- Q2 = 350 X 0.75=262.5 m²
X 0.12= 31.5 X 1000 /60
=525 l/m

$$\phi = 3.77546 \left\{ \frac{0.009 \times 525}{\sqrt{0.05}} \right\}^{3/8}$$

$$\phi = 11.85 / 2.54 = 4.66''$$

C3.- Q3 = 225 + 525= 750 l/ m

$$\phi = 3.77546 \left\{ \frac{0.010 \times 750}{\sqrt{0.05}} \right\}^{3/8}$$

$$\phi = 13.54 / 2.54 = 5.33''$$

C4.- Q4 = 350 X 0.12 = 42 X 1000 /60
=700 l/ m

$$\phi = 3.77546 \left\{ \frac{0.009 \times 700}{\sqrt{0.05}} \right\}^{3/8}$$

$$\phi = 13.20 / 2.54 = 5.19''$$

C5.- Q5 = 85 ᴜᴅ ~150 l/m

$$\phi = 3.77546 \left\{ \frac{0.009 \times 150}{\sqrt{0.04}} \right\}^{3/8}$$

$$\phi = 7.40 / 2.54 = 2.91''$$

C6= Q6 Residual
155 VD (TD) ~ 210 l/m

C6= Pluvial
262.5+350=312.5 X 0.12=
73.5 X 1000 / 60= 1225 l/m

MIXTO = 210 + 1225 = 1435 l/m

$$\phi = 3.77546 \left\{ \frac{0.009 \times 1435}{\sqrt{0.05}} \right\}^{3/8}$$

$\phi = 17.28 / 2.54 = 6.80''$

2.12 Sifones

Esta temática, aunque pareciera simple, no deja de tener su relevancia, debido a que en la mayoría de las ocasiones nos olvidamos, en la revisión de los planos, de las indicaciones del mobiliario sanitario.

Se dirá que no debieran denominarse como *céspoles*, ya que éstos juegan un papel no tan parecido al *sifón*, además, al bote-coladera que desaloja las aguas de la regadera lo conocemos como bote-céspol. En México también se le denomina más adecuadamente como *trampa de agua* al sifón, y es que en realidad esa es simplemente su función: evitar el regreso de los malos olores, además de que ayuda a la instalación, jugando el papel permanente de un *sello hidráulico*, cuando su combinación con un adecuado *tubo de ventilación* fomenta la circulación y que las aguas se desplacen adecuadamente. Tampoco olvidemos que no se recomiendan los tubos de ventilación como remates o prolongación de una bajante de agua pluvial y/o residual, o sobre la misma bajada de aguas mixtas.

Preguntas
- ¿Cómo es un sifón en "U"?
- ¿Y cómo uno en "Y"?
- ¿Cómo en "S"?
- ¿Cómo en ¾ de "S"?
- ¿Cómo en "P"?
- ¿Hay alguno especial?
- ¿Cuáles son los más comunes?
- ¿Qué material se utiliza más frecuentemente?
- ¿Cuál es el más barato?
- ¿Cuál es el más recomendable?

2.13 Registros

El *registro desarenador*, por ejemplo, se recomienda en áreas descubiertas, donde seguramente habrá elementos de desecho más pesados o densos que el agua, los cuales deberán asentarse en el fondo del registro, comúnmente llamado *cárcamo*, para después de un periodo (que depende de la precipitación pluvial de la región) realizar la extracción de estos *azolves*, volviendo a reutilizar este registro por más periodos consecutivos.

El *registro ciego* solamente cumple con la función primordial de su ubicación estratégica para el mantenimiento de los tubos colectores.

El *registro coladera* es sólo una variante del primer indicado; es más común para los patios de servicios y plazuelas abiertas (entre otras).

Hay otros tipos de registros que comúnmente van de forma directa instalados como apéndices en los mismos ramales, y a veces se colocan en las "Y" o las "T", entre otras. Usualmente los encontraremos en los *entrepisos*.

Es necesario que se revisen las condiciones constructivas principalmente internas de los registros, ya que es muy común no verificar *el pulido de cemento, la media caña, el escarpio*, etcétera. Se debe señalar que la tradicional desidia en la supervisión nos impide verificar que un registro se ejecutó con todas las de la ley, y se cae en la tentación de que al pagar la obra de mano, se revisa un registro cerrado, cuando lo más adecuado debiera ser pedir a nuestro albañil que nos muestre todo el trabajo realizado (revisando también los interiores). Y es que si los registros no cumplen con sus funciones adecuadas, muy seguramente será una fuente permanente de contaminación, por las obvias humedades que un producto final ocasione.

Preguntas
¿Se conoce otro tipo de registro?
¿Cuál es el que más comúnmente se utiliza?
¿Cómo se paga al albañil este trabajo?

2.14 Tubería de ventilación

El *tubo de ventilación* juega un papel más que esencial en la circulación de las aguas servidas. Su diámetro está directamente relacionado con la cantidad de muebles y/o artefactos sanitarios a los que está sirviendo, así como a su distancia. Entonces, seguramente si un *Tubo Ventila* (TV) se coloca hasta casi el final de la ejecución de la obra, seguramente se está corriendo el riesgo de una solución que pueda ser inútil, ya que existe la posibilidad de que se proponga un diámetro menor al que verdaderamente se necesite y, al no quedar otro camino, se acaba por proponer al TV como una simple extensión del bajante que nos quede más próximo.

El cálculo de los TV se realiza de forma sencilla y sobre un proyecto definido, donde se revisarán:

• Los diámetros de los bajantes. En caso de que no existan, deberán considerarse las unidades de descarga totales a los que esté sirviendo el TV, existiendo además una tabla específica para cada situación.

• El total de las unidades de descarga (UD) del núcleo sanitario al que deseemos ventilar.

• Todo el recorrido de la tubería (incluyendo alturas de mobiliario sanitario) en metros, a los que se esté ventilando (por ejemplo los urinarios).

• En una tabla de análisis se confrontan estos datos para conocer los diámetros en pulgadas.

- No olvidemos que aunque se estén usando los resultados en pulgadas temporalmente, debemos presentarlos (en los planos) en milímetros, es más: el conocido *Manual Zepeda* presenta sus soluciones de ambas formas.

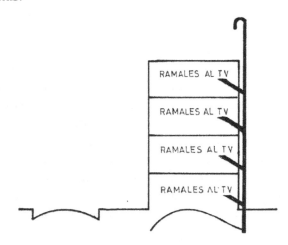

Preguntas

¿Qué diámetro se necesita para el siguiente tubo de ventilación?

- Bajante de 4″
- 40 UD
- 45 m de tubería

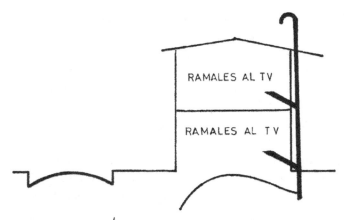

OPCIÓN AL REGISTRO Y/O BAJANTE

¿Qué diámetro se necesita para el siguiente tubo de ventilación?

- bajante de 6″
- 80 UD
- 100 m de tubería

Es conveniente recomendar que se evite colocar sólo un tubo de ventilación; ya que en ocasiones, o no se logra un buen proyecto o ni siquiera somos los las autores del mismo (y únicamente estamos remodelando), teniendo esto como consecuencia que algunos muebles y/o artefactos sanitarios se ubicaron con lejanía entre ellos, siendo entonces necesaria la instalación de más de un TV.

Por último, hay dos recomendaciones más, esto evidentemente entre un sinnúmero de detalles que deberán discutirse sobre de un proyecto arquitectónico específico.

• Aun cuando la mayoría de los profesionales de la construcción evaden esta regla, es recomendable que si se trata de una azotea deshabitada, la altura del TV sea de 2 m sobre nivel de la azotea (SNA).

• Si está habitada u ocupada, la altura del TV tendría que ser de 3 m (SNA).

• El diámetro mínimo de un tubo de ventilación es de 1¼", es decir, de 32 mm. Pudiendo ser mayor si lo indicara el cálculo.

• Se deberá insistir en el hecho de que las distancias o recorridos muy largos (de los colectores) afectan fuertemente al diámetro final propuesto del TV, originando tubos excesivamente anchos.

2.15 Las fosas sépticas

Por principio veremos cómo son tres las etapas que tratan a las aguas residuales en un sistema de fosa o de tanque séptico, pero antes, es necesario aclarar que de ningún modo canalizaremos aquí las aguas pluviales, ya que de hacerlo así, el sistema se desbordaría con la primera lluvia por muy pequeña que ésta fuera, trayendo consecuencias en extremo desastrosas, al exponer las aguas sucias a la superficie.

Generalidades
Como ya se había indicado, son tres las etapas en las que se dará el recorrido de las aguas sucias o cloacales.

• *El tanque o fosa séptica*, donde únicamente se canalizan las aguas del wc o inodoro. Es una especie de cisterna (con tapa de concreto armado) que desde la primera vez que se utiliza está llena de agua, con codos de entrada y de salida sumergidos y paredes pulidas en cemento, sin oxígeno y sin luz, para acabar con las bacterias aerobias (las que están en las heces fecales). Estos minúsculos organismos son muy resistentes y, hasta es probable que algunos pocos alcancen a sobrevivir para llegar al campo de oxidación. Las bacterias aerobias son alimento de otras llamadas anaerobias, las cuales se crean y sobreviven por la ausencia de la luz y del oxígeno. Por lo que por ninguna razón debiese haber ningún tubo de ventilación en esta etapa (como absurdamente algunos textos descuidadamente lo indican)

• *La zona de oxidación*, que con un mínimo de pendiente en sus tuberías expondrá a las anaerobias a la luz del sol y al oxígeno (para aniquilarlas) casi en la superficie del terreno, por esa razón se tiene como un máximo de 90 cm de profundidad en los tubos que trasportan las *aguas clarificadas* que salen del tanque séptico (y que ya se encuentran en la zona de oxidación). De no hacerlo así, es decir, si proponemos tubos a mayor profundidad, es muy probable que las bacterias anaerobias sobrevivan (al alejarse del nivel del sol y del oxígeno), provocando problemas fatales para la salud humana.

• *El pozo de absorción* es el único lugar en el que deberá instalarse un tubo de ventilación, ya que es una especie de filtro natural para la absorción en el suelo de las aguas clarificadas. Aquí es donde únicamente ya podremos canalizar el resto de las aguas, de todos los muebles restantes al wc, como pueden ser la regadera, el lavadero, la lavadora, el lavabo, el fregadero. Pero ni siquiera en esta zona podremos desalojar las aguas de lluvia, porque debemos recordar que una ligera precipitación pluvial seguramente nos desbordará al sistema, con las consecuencias fatales ya indicadas.

• La siguiente figura es una forma muy simplificada de lo que es un sistema de fosa séptica, pero existen versiones distintas, y hasta prefabricadas.

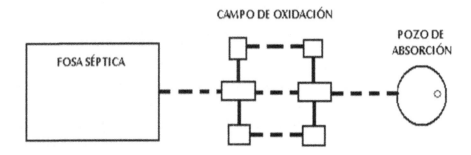

Preguntas

a)

• ¿Qué especificaciones deberá tener la fosa séptica, el campo de oxidación y el pozo de absorción, para una vivienda de 12 personas?

• ¿Cuál es el acabado interno de la fosa séptica?

• ¿Por qué no debe haber luz solar y oxígeno en el tanque séptico?

• ¿Qué bacterias mueren en esta etapa y por qué?

• ¿Cuáles sobreviven y por qué?

• ¿Cuál es la altura mayor de la fosa séptica?

• ¿Cuál el diámetro de entrada?

• ¿Cuál el diámetro de salida?

• ¿Alguna otra altura que indicar?

b)

• En el campo de oxidación sobreviven una de dos tipos de bacterias. ¿Cuál?

• ¿Cuál es el acabado interno de sus cajas distribuidoras? ¿Por qué?

• ¿Es la inclinación de sus tubos muy amplia, normal (2%), o en extremo cercana al cero?

• ¿Sólo se usan tubos cerrados? ¿O pueden ser perforados?

• ¿Cuáles son los más recomendables?

• ¿Qué profundidad es la mayor admisible para la colocación de la tubería y de los lechos inferiores de las cajas distribuidoras? ¿Por qué?

- Enumerar y describir todo el sistema séptico para una escuela con 200 alumnos.
- Describir el sistema séptico para una fábrica con 100 obreros.

c)

- ¿En el pozo de absorción se coloca un TV?
- Si es sí, ¿quedaría del mismo ancho aproximado que los se colocan adentro del predio del edificio?
- ¿Cuál es su ancho?
- ¿Cuál su profundidad?
- ¿Con qué se cubre su brocal?
- ¿Los muros llevan algún acabado?
- Si es sí, ¿cuál?
- ¿El piso tiene algún acabado?
- Si es sí, ¿cuál?

Cuando retomemos o concluyamos algún proyecto, deberemos proponer el desalojo para la fosa séptica y, esto implica reflexionar en función de todas las especificaciones de tipo constructivo. Por ejemplo, recordemos que en México, la ley nos indica que hay distancias que respetar desde la fosa séptica hasta el límite del edificio, o de aquélla hasta donde tengamos una cisterna y/o un pozo de agua limpia.

Obviamente que el mantenimiento de este sistema se hace con muchas precauciones, ya que desde su construcción se tienen que cuidar una gran cantidad de detalles, como pueden ser el valor del ancho, largo, sus h1, h2, h3 y H, que son, por cierto, los valores que más se olvidan en el ejercicio de la profesión junto con otros detalles como el tipo de acabado en el interior de la fosa séptica (pulido de cemento), la profundidad de la tubería en la zona de oxidación (90 cm), o los varios aspectos del pozo de absorción.

Los sistemas sépticos casi siempre van afuera del terreno o del predio, y en un área específica en el nivel más bajo del terreno, por lo que frecuentemente queda muy alejado del proyecto, ante lo cual deberá revisarse muy bien cuál es el diámetro que le corresponde.

Cuando se le dé mantenimiento (en México es a los diez años de uso) a la fosa séptica, el albañil no respire directamente (usar cubre bocas) el gas generado por tantos años de encierro de ese tanque, ya que pueden haber consecuencias mortales.

No deberá utilizar fuego cerca del lugar (recordemos que se trata de un gas) porque puede causarse una explosión, la que también podría resultar fatal.

Los lodos extraídos deberán manipularse con cuidado, ya que son en extremo contaminantes. Aunque pueden servir para cualquier fosa séptica nueva, y lograr lo que los especialistas llaman *inoculación*, logrando así que la generación de la vida anaerobia de esa fosa nueva, inicie lo más pronto posible. En otro caso, los lodos se entierran en el jardín, lejos de zonas de aguas limpias (19 m de lejanía para el reglamento mexicano).

Obligatoriamente se ubicarán los sistemas sépticos en las zonas más bajas, para evitar la contaminación de los mantos freáticos.

Las distancias desde el sistema séptico hacia los lugares más cercanos susceptibles de contaminación que, en México son de 10 metros, deberán revisarse por región, ya que pudiera haber variantes. (Por ejemplo, en EU esta distancia es de 70.00 metros).

A efecto de tener una idea basada en la normatividad, recomendamos a los constructores consultar la "Tabla de Capacidades-Fosa Séptica", ADT 72000/C.03. 11, incluida en la obra *Especificaciones Generales de Construcción,* publicada por el IMSS en 1990.

Dicha tabla muestra la versión oficial de las dimensiones de la fosa séptica. Sin embargo, es muy común la utilización de otras tablas similares, aunque exista una muy ligera variación en las recomendaciones que ahí encontremos.

Por último, se deberán cuidar los siguientes aspectos:
- El ancho en metros (a paños interiores)
- El largo (a paños interiores)
- El valor de H
- El de h1
- El de h2
- Especificaciones de acabados en el interior del tanque séptico

Así como la gran variedad de posibilidades en la etapa del campo de oxidación, no sólo en lo que toca al tipo y calidad de materiales a usar, sino en sus especificaciones constructivas como, por ejemplo, la profundidad, la pendiente de la tubería, las distintas opciones en el uso de la tubería perforada y/o con separación entre la espiga y la campana, etcétera.

Es de suma relevancia recordar que a estas alturas, el agua se encuentra muy *clarificada* y que es común que la pared no lleve ningún acabado (utilizando el material común de la región en la que nos encontremos trabajando). Así como que el piso será sencillamente el mismo terreno natural, es decir, que de lo único de que se trata es que este enorme filtro termine por conducir las aguas hacia un terreno que esté cumpliendo precisamente su función primordial: la de absorber estas aguas y evitar así una probable contaminación.

Es importante remarcar que no se trata de lo mismo cuando se habla de una *letrina* que de una *fosa séptica*, ya que mientras aquélla sólo es un hueco (con varios elementos de tratamiento) que se llenará de heces fecales, la fosa séptica es un sistema completo.

Estos tanques sépticos, al utilizarse en las zonas pobres, donde no hay drenaje municipal, casi siempre se usan de manera comunitaria y con la suficiente lejanía del usuario. Por esa razón hay quienes equivocadamente piensan que se necesitarán cantidades grandes de fosas sépticas o tamaños amplios de ellas. No olvidemos que el diámetro y capacidad de desalojo del agua residual (y otras) no crece de forma directamente proporcional, y que con un poco más de dimensiones (por ejemplo, de la fosa séptica) de lo normalmente conocido, es suficiente como para que los usuarios puedan contar con un buen servicio.

BIBLIOGRAFÍA

Arocha, Tomás (1967). *Normas de diseño y construcción: civiles, mecánicas y eléctricas.* México, D. F.: Fernández Editores.

Asensio, Francisco (1992). *Agua: Biblioteca Atrium de las Instalaciones.* Barcelona, España: Atrium, tomos I, II, III, IV y V.

Barbará, Fernando (1979). *Materiales y procedimientos de construcción.* México, DF.: Herrero, tomos I y II.

Becerril, Onésimo (1997). *Datos prácticos de instalaciones hidráulicas y sanitarias.* México, DF: 7ª edición.

Deffis, Armando (1991). *La casa ecológica autosuficiente: para climas templado y frío.* México, DF: Concepto.

Fair Gordon, Maskew, y otros (2004). *Abastecimiento de agua y remoción de aguas residuales.* México: Limusa.

Flores, Conrado (1986). *Memo 7: cálculo diferencial.* México: Trillas.

Gaceta Oficial (1995). *Normas técnicas complementarias.* México: Berbera Editores.

Gay, Charles Merrick, *et al.* (1982). *Instalaciones en los edificios.* Barcelona: Gustavo Gili.

Haan, Enno (1980). *Guía de plomería doméstica.* México: UTEHA.

Herrera Sordo, Luis (2000). *Agenda del Constructor.* México: Agenda del Abogado.

IMSS (1990). *Especificaciones generales de construcción: instalaciones hidráulicas.* México: Coordinación de Comunicación Social/ Publicaciones, tomo 3.

Lane, Publishing (1993). *Plomería básica ilustrada.* México: Trillas.

Pérez, Rafael (1988). *El agua.* Bogotá, Colombia: Escala-Serie Arte de Construir.

—(1988). *Desagües.* Bogotá, Colombia: Escala-Serie Arte de Construir.

Plazola, Alfredo (1991). *Normas y costos de construcción.* México: Limusa, volumen 2.

UNAM, Tolteca (1984). *Manual Tolteca de Autoconstrucción y Mejoramiento de la Vivienda.* México: ISBN-968-7238-00-3.

Zepeda, Sergio (2001). *Manual de instalaciones.* México: Limusa.

3.1 Generalidades

Al hecho de proveer de iluminación artificial e instalación eléctrica a cualquier tipo de edificio o inmueble, también pudiera llamársele *suministro*. Cuando hablamos de las instalaciones hidráulicas, describimos una amplia variedad de conceptos como *la velocidad*, *la pendiente* y, por ejemplo *la presión*, entre muchas otras variables. Retomando esta última, diremos que tanto la *presión* como el *voltaje* se asemejan demasiado en su función, o bien que la capacidad (diámetro del tubo) de conducir el agua es el *amperaje* (en la instalación eléctrica) y que, cuando estudiamos las instalaciones sanitarias, al drenaje se le pudiera comparar con el famoso *hilo blanco*.

Las instalaciones eléctricas no explican lo que un constructor debiera entender de la arquitectura; hay que añadir entonces un concepto completamente necesario, principalmente para el arquitecto, el de *la iluminación artificial*.

Decimos que debieran tratarse con mayor atención conceptos tan aparentemente teóricos como *la electricidad*, la cual es un modo de energía que se utiliza para generar fuerza, para iluminar, o bien para procurar calor. La electricidad, que es una manifestación de energía en movimiento, se le medirá en *columbios* que, entre los técnicos se conoce frecuentemente como *amperios* (o la capacidad de conducción de corriente = *amperes*), que es *un columbio por un segundo*. Por lo tanto, lo que se conduce por medio de los cables son *electrones:* "Seis billones de billones de ellos cada segundo en un amperio". (Lesur, 1992: 20, 22).

No podemos imaginarnos en estos tiempos un asentamiento humano, por muy pequeño que sea, sin la valiosísima e imprescindible electricidad: el hospital, la escuela, el supermercado, el banco mercantil, los vuelos comerciales y un infinito etcétera.

Gracias a la electricidad el ser humano actual vive en el *nicho de la comodidad* que hubiera sido resultado de la ciencia ficción unas décadas atrás, y suponemos que todavía nos faltará asombrarnos con mayores sorpresas que nos depare un futuro quizá no tan lejano.

Estableceremos tres objetivos que debe procurar el arquitecto en relación a las instalaciones eléctricas.

- **OBJETIVO GENERAL**. Saber cómo se genera la electricidad y la importancia que ésta tiene en la actividad humana, así como la relevancia de la manipulación responsable y profesional de la misma para evitar cualquier daño o peligro.
- **OBJETIVOS PARTICULARES:**

El cálculo de la iluminación artificial exterior e interior funcional, segura y *estética*.

El cálculo de la instalación eléctrica, conociendo con precisión los conceptos de voltaje, amperaje y resistencia, así como todas sus aplicaciones.

Son bastantes las referencias bibliográficas y por demás históricas que refieren la existencia de por lo menos 118 elementos químicos registrados hasta 1999, y *el cobre* lleva aproximadamente ocho mil años de ser utilizado por el ser humano; este *elemento químico* toma su nombre de la isla de Chipre (*Cuprum*), con su abreviatura internacional cu.

El cobre es uno de los materiales preferidos por los electricistas y principalmente por los fabricantes desde sus orígenes, por todas las bondades que ofrece en relación con los otros conductores (quizá el que más se le acerque, por lo barato, es el *aluminio*, aunque francamente con mayores desventajas que el primero) aun en la actualidad.

El cobre se configura por diversas combinaciones de *protones* y *electrones* muy unidos, formando una minúscula partícula conocida como *núcleo positivo*, alrededor del cual giran un número de electrones planetarios, los cuales al estar muy distantes del centro no están *tan ligados* a éste, moviéndose continuamente de un átomo a otro (cambiando continuamente de un *sistema* a otro): se les conoce mejor como *electrones libres*. Y aun cuando éstos son sólo una pequeña porción del total de los electrones de su propio sistema, de cualquier modo conforman una enorme cantidad, ya que un centímetro cúbico contiene 10^{21} electrones libres: "El movimiento de estos electrones es lo que constituye una *corriente eléctrica* en un conductor sólido" (Lesur, 1992: 387-388).

Si revisamos los conceptos de *materia, molécula* y *átomo*, comprenderemos la generación de la electricidad:

a) la materia es todo lo que se percibe y ocupa un lugar en el espacio, y ésta se compone por moléculas.

b) la molécula es la parte más pequeña en que se divide la materia sin perder su característica física y química, y se compone por átomos.

c) el átomo es la parte más pequeña en que puede dividirse un elemento: está compuesto por protones, neutrones y electrones.

Es decir: *todo átomo en estado natural es eléctricamente neutro*, por tener carga positiva y negativa igual.

Las tres clases de partículas del átomo se unen por una fuerza natural que las enlaza y es ésta la verdadera fuente de la energía eléctrica. Como ya se dijo, los protones y neutrones se ubican al centro del átomo formando el núcleo, y los electrones en órbitas circulares con mucho menor peso (1,840 electrones apenas igualan el peso de un protón o de un electrón) se encuentran alrededor del núcleo, con *una gran facilidad* para transitar de un átomo a otro.

Neutrones, protones y electrones se unen distintamente para formar diferentes elementos: "Por ejemplo, un átomo de hidrógeno, la sustancia más ligera que se conoce, sólo contiene un protón y un electrón; un átomo de cobre tiene 29 protones en el núcleo y 29 electrones en órbitas alrededor de él". (Foley, J., 1983: 6)

Por último: el flujo es de 6 250 000 000 000 000 000 electrones que pasan por un punto en un segundo: en Arquitectura le denominamos *ampere*.

Repasemos brevemente cómo se genera la electricidad en la actualidad y cómo llega a sus distintos destinos:

La energía eléctrica se genera tradicionalmente por medio de:
- *turbinas* (fuerza mecánica que mueve las aspas de la turbina)
- *baterías*
- *magnetos* (fuerza eléctrica del generador)

A la *turbina* la pueden mover diferentes fuerzas:
- vapor
- chorro de agua
- aire
- olas

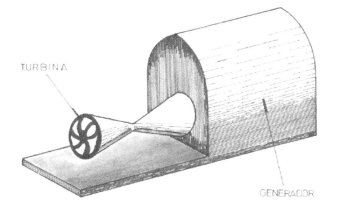

¿Qué es una turbina?

El término *electricidad* se registra desde Tales de Mileto, cuando al tallar una piedra de ámbar contra su vestimenta de seda, se generaba un efecto similar al de los imanes, llamándosele *electrón*, que hoy se conoce como electricidad.

Luigi Galvani (científico italiano), con sal y agua combinadas con dos tipos de metales, genera por pirmera vez la *descarga eléctrica*.

Se denomina *corriente eléctrica* a la circulación de forma continua de electrones por un circuito.

El sentido real de la corriente eléctrica es *anti horario*, y en el convencional (para el cálculo) es en el sentido de las manecillas del reloj.

Históricamente, la corriente eléctrica se definió como un flujo de cargas positivas y se fijó el sentido convencional de circulación de la corriente como un flujo de cargas desde el polo positivo al negativo; posteriormente se observó, gracias al *efecto Hall*, que en los metales los portadores de carga son negativos, estos son los *electrones*, los cuales fluyen en sentido contrario al convencional. El sentido convencional y el real son ciertos en tanto que los electrones fluyen desde el polo negativo hasta llegar al positivo (sentido real), cosa que no contradice que dicho movimiento se inicia al lado del polo positivo donde el primer electrón se ve atraído por dicho polo, creando un hueco para ser cubierto por otro electrón del siguiente átomo; y así sucesivamente hasta llegar al polo negativo (sentido convencional), es decir, la corriente eléctrica es el paso de electrones desde el polo negativo al positivo comenzando dicha progresión *en el polo positivo*.

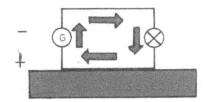   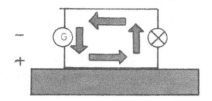

Sentido convencional   **Sentido real**

Tenemos entonces que:

Voltaje o *tensión* es la fuerza eléctrica que hace que los electrones libres se muevan de un átomo a otro: la unidad de medida es el *voltio* = v.

Intensidad de corriente: es la cantidad de electrones que atraviesa un conductor en la unidad de tiempo = i y se mide en amperes = a.

Resistencia eléctrica: = r, es la mayor o menor dificultad que opone un material al paso de la corriente eléctrica, la resistencia depende de:

- su resistividad
- su longitud
- su sección

Todo se mide en **Ohmios** y su símbolo es Ω.

Por tanto:

—si aumenta la sección disminuye la resistencia

—si disminuye la sección aumenta la resistencia

—si aumenta la longitud aumenta la resistencia

—si disminuye la longitud disminuye la resistencia

Todo se resume en la siguiente fórmula presentada por George Simon, a principios del siglo XIX:

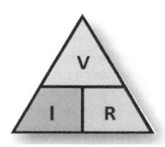

1) V= R x I
2) I= V/R
3) R= V/I

- Tensión o voltaje "V", en volt.
- Intensidad de la corriente " I ", en ampere.
- Resistencia "R" en ohm (Ω) de la carga o consumidor conectado al circuito

El concepto *Lux* (o *Luxes*), el cual por comodidad se abrevia como Lx, a veces resulta un dato molesto por la enorme variedad que los proveedores anexan en sus productos, los cuales difieren por regiones o países. No obstante podemos tomar un referente que se apegue al promedio que utilizan la mayoría de los especialistas, por lo que resulta útil recordar lo siguiente.

- Una estrella vista desde la Tierra tiene aproximadamente 0.00005 Lx.
- Si el cielo nocturno está nublado hay 0.0001 Lx.
- Si hay Luna nueva son 0.001 Lx. Luna nueva, también denomi-

nada "novilunio" o "interlunio", sucede cuando ésta se encuentra situada exactamente entre la Tierra y el Sol, de manera que su hemisferio iluminado no puede ser visto desde nuestro planeta. En ese momento su ángulo de fase o *elongación* es 0° y su iluminación es de 00.00.[1]

- Cielo nocturno despejado 0.001 Lx.
- Cuarto creciente o cuarto menguante 0.25 Lx.
- Luna llena en noche despejada 1 Lx.[2]

Con base en estos datos, seguiremos las siguientes normas para iluminación:

- Pasillos, vestíbulos, almacenes, cuartos de maquinas. MÍNIMO de 50 a 200 Lx.
- Zonas de trabajo y locales de uso frecuente. NORMAL de 200 a 1000 Lx.
- Tareas visuales de un grado elevado de detalle, todo aquel lugar que requiera un nivel de iluminación muy elevado. EXIGENTE más de 1000 Lx.

Y acerca de las *reflectancias* (o reflexiones) tomaremos 0.5 para el techo, 0.3 para las paredes y 0.1 para el suelo.

Ratificando que la *iluminación* es el flujo luminoso por unidad de superficie, se define como E y se mide en *Lux*, donde Lux = Lumen / m² (Harper, 2009: 99).

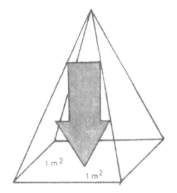

3.2 Iluminación artificial

El cálculo de la iluminación artificial se refiere a la iluminación, primero de exteriores y después de interiores, siendo esta última la más elaborada. Ambas tienen la gran importancia de tratar de evitar sombras, por un lado, y el deslumbramiento, por otro.

Tradicionalmente pareciera que con solo iluminar es suficiente, sin embargo, veremos que una buena iluminación no necesariamente es costosa; existen métodos que van desde los más elementales (interesantemente aceptables) hasta aquellos que rayan en el regodeo matemático, básicamente en la iluminación de interiores.

Al finalizar esta sección el lector deberá saber la cantidad necesaria

---

[1] (http://es.wikipedia.org/wiki/Luna_nueva, mayo de 2012).
[2] http://es.wikipedia.org/wiki/Lux (enero- febrero 2011).

de luminarias y lámparas y su ubicación tanto externa como interna. Son tradicionales las confrontaciones para diferenciar, por ejemplo, la *luminotecnia* y lo que se conoce como *iluminación*, siendo que ambas consisten en lo mismo.

Para lograr un adecuado proyecto de iluminación debemos atender requerimientos de orden técnico, económico, estético, de seguridad y bienestar, entre otras sugerencias que más adelante retomaremos.

Eficiencia luminosa

Atendiendo a las mismas recomendaciones:

• Elegir los niveles de iluminación adecuados a la actividad a la que se destine el local.

• Seleccionar el sistema de iluminación de acuerdo con la arquitectura del edificio y con la actividad del área por iluminar, pudiendo ser un sistema directo, semidirecto, difuso general, semiindirecto, indirecto.

• Decidir la altura y forma de montaje, mantenimiento, costo, eficiencia y medio ambiente donde habrá de ubicarse.

• No olvidar que una parte muy descuidada por los diseñadores es la distribución apropiada de las luminarias, *la cual no necesariamente, debiera ser uniforme, si es que el estilo no lo requiere; de lo que se trata es de evitar el deslumbramiento y las sombras intensas.*

Veamos entonces las *magnitudes fotométricas* que, sin duda, nos permiten reflexionar más los siguientes conceptos:

a. Al *Flujo Luminoso* lo podemos entender como una cantidad de luz que emite una fuente en un tiempo de un segundo, su símbolo es Φ (se lee *fi*) y su unidad es el lumen (*Lm*).

b. La *Intensidad Luminosa* es el flujo que emite una fuente luminosa con dirección por el ángulo sólido en que se contiene, su unidad es la candela (*Cd*).

c. A la *Eficiencia Luminosa* se puede definir como la relación del flujo luminoso Φ (en lúmenes) y la potencia eléctrica absorbida (*P*) que viene en *vatios*, esto nos dice del rendimiento de una lámpara o bien de una luminaria, entonces, si es la eficiencia luminosa es mayor, más económico será el uso de la fuente luminosa. El símbolo es η y su unidad es el lumen por vatio (o Lumen/Watt = Lm/W).

d. A *la brillantez* de una superficie iluminada se le define como la densidad del flujo luminoso reflejado por esa mismas superficie hacia los ojos del observador la unidad es el *lambert*:

$$\text{lambert} = \text{lumen} / \text{cm}^2$$

Tipos de lámparas
Lámparas incandescentes

Actualmente aunque ya no se recomienda su uso, tal vez por su bajo costo, es posible que la mayoría se resista a abandonar su utilización.

Desventajas: corta vida de funcionamiento, baja eficacia luminosa

(90% de la energía se pierde en forma de calor), con el tiempo hay *depreciación luminosa.*

Ventajas: Bajo costo, instalación simple (no necesita equipo auxiliar).

Recordemos que dentro de este campo se tienen también:

• *Halógenas de Tungsteno,* con la ventaja de tener mayor vida útil, mayor eficacia luminosa, menor o nula depreciación luminosa con el tiempo, manteniendo una reproducción del color excelente. De usos comerciales preferentemente.

• *De Sodio de Baja Presión*, la desventaja pudiera ser su color amarillo, pero tiene mayor eficiencia luminosa y larga vida. Son para orillas de carreteras ya que tardan de 6 a 12 minutos en activarse.

• *De Sodio de Alta Presión* con eficacia energética elevada y larga vida. Son para orillas de carreteras ya que tardan de 6 a 12 minutos en activarse.

• *De Mercurio de Baja Presión* con bajo consumo de energía, mayor eficacia luminosa, larga vida, la desventaja es su poca reproducción del color, tonalidad fría en el color de luz emitida y su alto costo. Se utilizan en interiores, exteriores o en fábricas con doble recubrimiento.

• *De Mercurio de Alta Presión* con más eficacia lumínica y reproduce mejor el color. Se utilizan en interiores, exteriores o en fábricas con doble recubrimiento.[3]

Lámparas fluorescentes

Entre las ventajas se encuentran las siguientes:
• Menos consumo de corriente eléctrica.
• Larga vida útil (desde 5 mil a 7 mil horas).
• Poca pérdida de energía en forma de calor.
• Tienen más luminosidad con menor consumo.
• Cuentan con alto rendimiento.
• Emisión de alta calidad en su luz en suficientes colores y de aspecto agradable.
• Tienen mayor tiempo de vida en comparación con las incandescentes.
• Su posibilidad decorativa en la iluminación es más amplia.
• Tiene baja brillantez.

Las desventajas son, por ejemplo, que la vida útil se reduce o termina incluso, por:
• Ennegrecimiento del tubo en sus extremos.
• Excesivo número de veces que se enciende y apaga de forma habitual la lámpara en períodos cortos de tiempo.
• Desgaste de la sustancia emisora que recubre el filamento de tungsteno compuesta de calcio (Ca) y magnesio (Mg).
• Pérdida de la eficacia de los polvos fluorescentes que recubren el interior del tubo.
• Cuando hay variaciones en el voltaje de alimentación, se inte-

[3] www.unav.es/ted/manualted/manual_archivos/luz9_main.htm (agosto de 2009).

rrumpe servicio.
- Al contar con equipo auxiliar hay mayor posibilidad de fallas.
- Ocasionan radio de interferencia.
- Tienen bajo de factor de potencia.
- O bien que necesita de equipo auxiliar y que además es de mayor costo que las incandescentes, es común también su factor estroboscópico (Parpadeo).
- Su costo inicial es más alto.[4]

No olvidemos que la modernidad avanza, y aún cuando a últimas fechas se ha insistido en que las fluorescentes pudieran ocasionar por su utilización continua, problemas cancerígenos, sin llegar a presentar conclusiones comprobadas, su uso se recomienda por las mismas autoridades. Posiblemente pronto contemos con mayor información (y más determinante), mientras tanto es necesario informar que este tipo de lámparas ha encontrado amplia aceptación en el medio de la construcción por las características mencionadas.

LED (acrónimo de *Light-Emitting Diode*)
El uso de diodos LED en el ámbito de la iluminación (incluyendo la señalización de tráfico) es moderado y es previsible que se incremente en el futuro, ya que sus prestaciones son superiores a las de las incandescentes y las fluorescentes, desde diversos puntos de vista. La iluminación con LED presenta indudables ventajas: fiabilidad, mayor eficiencia energética, mayor resistencia a las vibraciones, mejor visión ante diversas circunstancias de iluminación, menor disipación de energía, menor riesgo para el medio ambiente, capacidad para operar de forma intermitente de modo continuo, respuesta rápida, etc. Asimismo, con LED se pueden producir luces de diferentes colores con un rendimiento luminoso elevado, a diferencia de muchas de las lámparas utilizadas hasta ahora, que tienen filtros para lograr un efecto similar (lo que supone una reducción de su eficiencia energética). Todo ello pone de manifiesto las numerosas ventajas que los LED ofrecen.[5]

3.3 Métodos de cálculo en iluminación artificial interior y exterior

En general sólo se trata de tres métodos de cálculo, y se enumeran en orden de complejidad:

El método de Watt/m²· Usado en *exteriores* principalmente, aunque varios calculistas se auxilian del mismo para el cálculo de los interiores.
El método del Lumen. El más utilizado y recomendado para los interiores.

[4] Ibídem, p. 9.
[5] http://es.wikipedia.org/wiki/Diodo_emisor_de_luz (agosto de 2009).

El método del punto por punto. Es especializado y principalmente empleado para iluminaciones, como su nombre lo dice *puntuales*, como pudieran ser los museos, salas de exposición de cualquier tipo, etc.

La norma habitual que nos refiere este método, nos dice que si deseamos lograr un nivel de iluminación de 100 Luxes (Lx), se requieren 6 Watt/m², utilizando obviamente lámparas fluorescentes (de vapor de mercurio, de vapor de sodio, etcétera). Lo cual se ha vuelto habitual, ya que las incandescentes han caído en desuso por requerir de mayor costo. Aunque señalaremos de todas formas la normativa para las lámparas incandescentes.

Para las lámparas incandescentes, según la norma, se recomiendan 12 Watt/m² para los mismos 100 Luxes (Lx).

El rendimiento luminoso (η) es el rendimiento en términos de flujo luminoso (es decir, iluminación efectiva) que se obtiene de una fuente luminosa que gasta una potencia eléctrica dada. Se mide en lumen por vatio, o como ya recomendábamos Lumen por Watt.

Suele representarse por el símbolo η

$$\eta = \frac{lm}{W}$$

Se define como el rendimiento luminoso obtenido de un artefacto que gasta un vatio (watt) de potencia y genera un lumen de flujo luminoso.

Puede entenderse este valor en términos de porcentaje de eficiencia. Por ejemplo, un foco corriente suele emitir 85% de la energía eléctrica gastada en forma de calor y otras radiaciones, y 15% efectivamente en iluminación visible, por lo que es sumamente ineficiente.

Por ejemplo, si tenemos un foco de 60W, 51W serán empleados en calentar el foco, el aire y las paredes cercanas, y 9W será empleado en iluminación, por lo que aproximadamente tendremos una iluminación de 900 lumen. Entonces podemos decir que el rendimiento luminoso de dicho foco es de

$$\eta = 15 \frac{lm}{W}$$

Sugerencia: un recurso (poco elegante) es el de multiplicar el número de Watt por la constante indicada en la expresión matemática, para conocer el número de lúmenes, por ejemplo, 60 Watt X 15 = 900 Lúmenes (para el caso de las incandescentes como el primer ejercicio), que arroja el valor que viene señalado en cada uno de estos tres casos. Tampoco olvidemos que el símbolo griego "η" tiene su mayúscula en el mismo idioma griego como "H", equivaliendo en nuestro idioma a la "ee", denominándose "Eta", y de ningún modo es la "N" de nuestro alfabeto, como algunos "especialistas" erróneamente lo consideran.

Las *lámparas halógenas* son algo más eficientes, y en el mismo ejemplo, una de 60W emitirá unos 1200 lúmenes y su rendimiento luminoso será de

$$\eta = 20 \ \frac{lm}{W}$$

Finalmente un *tubo fluorescente* es el más eficiente,[6] y con los mismos 60W del ejemplo, emitirá unos 4200 lúmenes, por lo que su rendimiento es de

$$\eta = 70 \ \frac{lm}{W}$$

El método del Lumen

Resuelve, como ya se había dicho, por diferentes procedimientos, los espacios interiores, pasando desde métodos verdaderamente sofisticados, hasta caminos que son un verdadero homenaje a lo práctico, funcional y eficaz.

En general, para vivienda de interés social deberán resolverse tres formas de instalación eléctrica:

a) Conexión convencional y circuitos separados
b) Conexión convencional y circuitos juntos
c) Conexión en corto circuito y circuitos juntos

Pero una vivienda de interés medio o de tipo alto, un centro comercial, edificio educativo o de recreación, representan otros retos en lo tocante a las instalaciones eléctricas por sus grandes dimensiones, la facilidad de acceder a una más *holgada* solución y mayores recursos económicos.

El método del punto por punto

Es muy preciso, utilizado principalmente en el estudio del comportamiento de las luminarias para su investigación, es decir, es un método de laboratorio.[7] Dicha iluminación puntual es apropiada para espacios donde frecuentemente hay exhibiciones de piezas de arte, pinturas, y otras actividades artísticas.

3.4 Iluminación artificial en exteriores

Ejercicio 1

Empecemos con un ejemplo sumamente simple de un *andador descubierto*, o más conocido como *calle angosta*, lo que en apariencia sería poco probable que un arquitecto debiera resolver, ya que existen profesionistas específicos para esto, aunque frecuentemente le comentamos a la juventud que en nuestra actividad profesional, por lo menos deberemos tener la noción de *cómo se hacen varias cosas* que no parecieran ser obligación de un arquitecto (aunque en la realidad varias veces terminemos haciéndolo los arquitectos). Dicho andador tiene 45 metros de largo por 7 metros de ancho, se iluminará con postes que soporten

[6] http://es.wikipedia.org/wiki/Rendimiento_luminoso (agosto 9 2009).
[7] Remitiéndonos al famoso *Manual Westinghouse*, recomendamos la lectura de las pp. 129 a 144 para mejor comprensión de este Método.

luminarias de vapor de mercurio de 55 o 60Watt cada uno. Es obvio que las propuestas variarán, incluso demasiado, si las potencias de las lámparas son diferentes, o hasta muy distintas, con lo que se invita a realizar pruebas (en la teoría de las aulas o los talleres) para comprobar cuál puede ser la mejor opción.

Este comentario viene a propósito porque nosotros elegiremos para el caso de este *andador descubierto* un nivel de iluminación de 2 Luxes, por lo que tenemos la siguiente pregunta: ¿Cuántos postes con sus luminarias deberemos colocar y a qué distancia?

La colocación de éstas como ya se indicaba, en general se hace de forma simétrica, indudablemente para un *andador descubierto* la simetría sería la mejor opción para lograr una distribución uniforme de la ya mencionada iluminación. De acuerdo al reglamento, dichas lámparas pueden colocarse de un solo lado de la acera, el ancho de las calles angostas son hasta de 10.00 m y las distancias interpostales de entre 35.00 m a 22.50 m (*Agenda del Constructor*, 2000: 136), pero en este caso las reduciremos a 22.50 m. Es obvio que este es uno de los ejemplos básicos, es decir, se trata de iluminación urbana para zonas de muy bajos recursos económicos, donde generalmente hay penumbras exageradas, con los consabidos riesgos de residir en lugares oscuros y de poca estética urbana.

Calles angostas: máximo 10 m de ancho; postes con separación desde 22.50 m hasta 35 m de un solo lado
1. Calle angosta 45 m x 6 m, 2 Lx.
- 100 Lx ———— 6 w/m2
  2 Lx ———— X

X = 0.12 W/m²
- 45 m x 6 m = 270 m²
- 270 m² x 0.12 W/m² = 32.40 W

Se escoge 1 lámpara de 30 o 35 W (postes de un solo lado).

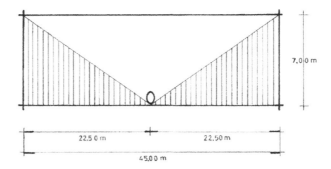

Ahora continuemos con un ejemplo más elaborado, es una calle mayor que la anterior. Este andador tiene 50 metros de largo por 10 metros de ancho, se iluminará con postes que soporten luminarias de vapor de mercurio de 200 Watt cada una. Puede apreciarse que las características son de mayor condición social, y que la ley que en este aspecto (como en otros) recomienda evitar tanto las penumbras como los deslumbramientos, no sólo para exteriores, sino también para los mismos interiores. Para el caso de esta calle mediana, de 10 hasta 20 m, con distancias interpostales alternadas (obligatoriamente) de 25.00 hasta 40.00 m (*ibídem*) el nivel de iluminación es de 5 Luxes ¿Cuántos postes con sus luminarias deberemos colocar?

La colocación de éstas es en general de forma simétrica, ya que ello garantiza una distribución uniforme de la iluminación. Se colocarán alternadamente, es decir no enfrente una de otra, por no ser tan necesariamente ancho dicho andador, en ambos lados de las banquetas, quedando así:

Ejercicio 2
Calles medianas: De 10 m a 20 m de ancho; postes con separación desde 25 m hasta 40 m alternados.

a) Calle mediana 50 m X 10 m, 5 Lx.

- 100 Lx ——— 6 w/m^2
  5 Lx ——— X

X = 0.30 W/m^2

- 50 m x 10 m = 500 m^2
- 500 m^2 x 0.30 W/m^2 = 150W / 3 = 50W

Se escogen 3 lámparas de 50 W cada una (o el valor más cercano) (postes alternados o intercalados).

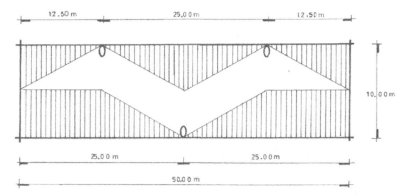

Si elegimos menor potencia en watt, será mayor la cantidad de luminarias, y al contrario, si la potencia es más grande (en watt), el número de luminarias será menor, siendo esto último lo menos recomendable.

El siguiente caso, es el de una calle más ancha de las que hemos resuelto, se enfatiza en que necesariamente la iluminación debe estar de ambos lados, ya que de acuerdo a la normativa, si el ancho de la calle es muy grande, será mejor colocar de ambos lados de las aceras las respectivas luminarias *una frente a otra*, son consideradas *avenidas*, de 20.00 m en adelante, distancia interpostal de 35.00 m a 50.00 m.

Esta calle tiene 70 metros de largo por 20 metros de ancho, se iluminará con postes que soporten luminarias de vapor de mercurio de 200 Watt cada uno. Se trata de una vialidad de mejor condición social, y la ley que en este aspecto (como en otros) nos recomienda evitar tanto las penumbras como los deslumbramientos, no sólo para exteriores, sino también para los mismos interiores.

Ejercicio 3

Avenidas: ancho de 20 m en adelante; postes con separación desde 35 a 50 m uno frente a otro.

1) Avenida 70 m x 20 m, 10 Lx

- 100 Lx ———— 6W/m^2
  10 Lx ———— X

X = 0.60W/m^2

- 70 m x 20 m = 1,400m^2
- 1,400 m^2 x 0.60W/m^2 = 840W/4 = 210W

Se escogen 4 lámparas de 200 W cada una (o el valor más cercano) (postes de ambos lados de las aceras y uno frente al otro)

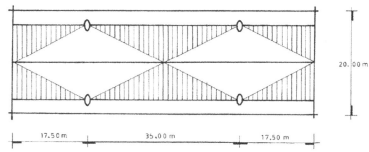

Para el caso de esta avenida el nivel de iluminación es de 10 Luxes ¿Cuántos postes con sus luminarias deberemos colocar y que distancia tendrán?

Es recomendable que la distribución de las lámparas (vertical y horizontalmente) sea uniforme, es decir, de modo simétrico, sin embargo, y de acuerdo al estilo, la época y la región donde se trabaje, existe la posibilidad de que las iluminaciones puedan ser de forma asimétrica, o hasta puntual, esto obviamente sin olvidar la cantidad de luxes necesaria para cada espacio y siempre en apego estricto al ya mencionado reglamento.

Podemos sugerir a nuestro lector que, por ejemplo en las fachadas, no necesariamente tengan que reproducir esquemas, es decir que no tengan que ser obligatoriamente reticulares, pudieran contar con iluminación dispersa, o concentrada a intervalos, y con una (suficientemente) artística combinación de colores en la emisión de luz de las lámparas y los respectivos acabados (en los que se *refleje* la iluminación), además de su pintura, volumetría y uso correspondiente del resto del edificio.

Continuemos con uno de los más completos procedimientos (en exteriores), pero ahora para las fachadas, sin que por ello supongamos que se pudieran abarcar todas las posibilidades del diseño, ya que éste tiene tantas variantes que al combinarse entre cada cual nos puede presentar una gama impresionante de propuestas, imposibles de cubrir en un solo libro o manual.[8]

Con toda la sencillez que pudiera *aparentar* este método, sus resul-

[8] Para ampliar este tema, remitimos al libro de Gilberto Enríquez Harper (2001). *El Abc del alumbrado y las instalaciones eléctricas en baja tensión*. México: Limusa, 279-281.

tados debieran respetarse, por pertenecer a la normatividad internacional, y presentar además propuestas verdaderamente interesantes.

Ejemplo 1

¿Cómo se iluminará la fachada de un edificio pintado en color blanco ostión, tiene 28 m de alto y 50 m de largo, nivel de iluminación de 40 lx?

1ª recomendación: se usarán preferentemente más postes para mayor uniformidad, visibilidad y reducción de sombras.

2ª recomendación: aunque si se exagera al respecto, la instalación eléctrica puede ser costosa y hasta antiestética.

3ª recomendación: no olvidar que la propuesta mínima en relación a las alturas ofrece el caso de un cuadrado donde ambos lados se suponen con un mínimo de 2H x 2H (*Ibídem*, 277).

La superficie S

$S = 50$ m X 28 m $= 1,400$ m^2

El flujo total requerido es:

$\Phi = E \times S / K$

Donde:

Φ = Flujo total requerido en Lumen

E = Nivel de iluminación en lx

S = Superficie por iluminar en m^2

K = Coeficiente de utilización (varía entre 20% y 35%, que se dividen por 100 al usarlos en la fórmula)

Recordando que K = 0.25

$\Phi = 40 \times 1,400 / 0.25 = 224\ 000$ Lumen

Por lo tanto $224,000 / 1,400 = 160$ Lumen / m^2

Si se usan LÁMPARAS DE VAPOR DE SODIO TUBULARES DE 400 Watt y de 50,000 Lumen c/u con 64% de eficiencia, tenemos la siguiente fórmula:

No. de reflectores = $S \times E / K \times \Phi_L$

No. de reflectores = $1,400 \times 40 / 0.25 \times 50,000 \times 0.64 = 8$

Para iluminar 28 x 50 m, la mayor dimensión es 50 m y es 4 veces mayor que H, entonces: 4H = 50, por lo tanto H = 50 /4; H = 12.50 m

Pudiendo quedar con 4 postes y dos lámparas en cada uno de ellos:

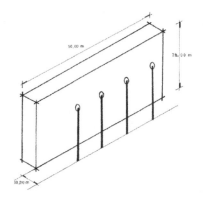

O bien con sólo dos postes y cuatro luminarias por cada uno de esos postes.

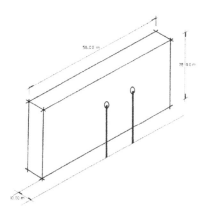

Aunque también, en caso extremo (entre muchas opciones más), la propuesta sea con un solo poste que sostiene a las ocho luminarias.

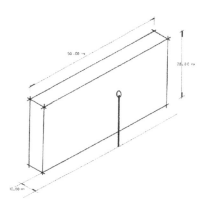

Ejemplo 2

¿Cómo se iluminará la fachada de un auditorio pintado en color claro, tiene 16 m de alto y 32 m de largo, nivel de iluminación de 150 lx?

S = 32 m x 16 m = 512 m²

El flujo total requerido es:

$\Phi = E \times S / K$

Recordando que K = 0.25 [desde 0.20 hasta 0.35] (Harper, E. *Abc del Alumbrado, op. cit.,* 276)

Φ = 150 x 512/0.25 = 307,200 Lumen

Por lo tanto 307,200/512 = 600 Lumen/m²

Si se usan lámparas de vapor de sodio a baja presión de 135 Watt y de 22,500 Lumen c/u con 80% de eficiencia (*Ibidem,* 129), tenemos la siguiente fórmula:

No. de reflectores = S x E/K x Φ_L

No. de reflectores = 512 x 150/0.25 x 22,500 x 0.80 = 17

Para iluminar 16 x 32 m, la mayor dimensión es 32 m y es 4 veces mayor que H, entonces: 4 H = 32, por lo tanto H = 32/4 = 8 m.

La siguiente propuesta, de un solo poste con 17 luminarias expandidas radialmente, quedaría como en la siguiente figura:

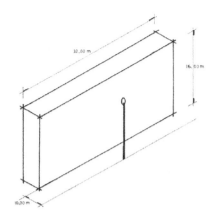

3.5 Método simplificado

El siguiente método que veremos pareciera demasiado ambiguo porque retoma distintas normas que, combinadas entre sí, arroja resultados completamente científicos y resulta además sumamente manejable (como procedimiento).

En la actualidad será poco probable que se sigan utilizando las lámparas incandescentes, francamente se encuentran en desuso; por el contrario, para las fluorescentes tenemos el reglamento que indica lo siguiente:

Por cada 100 Lx se requerirán 6W/m²

(Como simple historia recordemos que para las incandescentes, por cada 100 Lx se necesitan 12 w).

Así que usaremos las lámparas fluorescentes.

Ejemplo 1

Fábrica de iluminación de poca importancia de 50 m x 9 m = 450 m². Tomaremos el rango mínimo de 200 Lx, y por regla simple tenemos:

100 Lx ——— 6 W

200 Lx ——— X

12W/m²

Que multiplicados por el área señalada anteriormente, nos dará:

12W/m² x 450 m² = 5,400 W

- Si son de 100 W de cada lámpara, entonces necesitamos 54 lámparas.
- O 36 de 150 W
- O bien 27 de 200 W

En el siguiente proyecto arquitectónico se verá que ni siquiera se trata de *lo más restringido* que hay en el mercado, es decir, una sola vivienda en un *enorme de terreno* (enorme para los inversionistas que generalmente buscarán la mayor plusvalía) de 6.00 m x 16.00 m, o sea estamos hablando de 96 m², lo cual parecerá un gran desperdicio no sacarle el suficiente provecho a tan gran área de terreno.

Fachada del portón

6.00 m x 2.70 m = 16.20 m^2

Nos apoyaremos en tres tipos de procedimientos, que a su vez se respaldan en normas y reglamentos suficientemente científicos, que, sin embargo, presentan algunos inconvenientes que a su debido tiempo iremos señalando.

Si respaldamos esto en el más reciente reglamento, que a la letra dice que por cada m^2 son necesarios 20 W, entonces sencillamente multiplicamos los anteriores 16.20 m^2 por los 20 W y tenemos:

324 W

Simplemente buscaremos colocar:

Dos lámparas de 150 W

En este portón de entrada, el problema es que no estamos empeñándonos en el ahorro, veamos, por lo tanto, la siguiente propuesta.

Esta es muy utilizada por los constructores que ejecutan obra civil al por mayor y que frecuentemente descuidan situaciones que quedan como yerros permanentes en una fachada que pudo recibir un mejor trato, no sólo en el aspecto estético, sino que pudimos evitarle al usuario una deficiente iluminación, o al contrario, un excesivo gasto de energía eléctrica.

Si empleamos la invaluable *Agenda del Constructor* (1992: 145) encontraremos en su apartado que se refiere a "Intensidad recomendable para el lugar de trabajo", lo siguiente:

50 Lx a 100 Lx

 (escogemos los 100 Lx)

Recordemos que para las lámparas incandescentes, según la norma, se recomiendan 12 W/m^2 para los mismos 100 Lx.

Entonces se tiene que:

100 Lx ——————— 12 W/m^2

100 Lx ——————— X

Que al sustituirlos con el dato elegido, obviamente quedan los mismos:

12 W/m^2

Luego se vuelve a aplicar la regla simple. Entonces esa área vertical de la fachada del portón, que es de 16.20 m^2 obteniendo:

1 m^2 ——————— 12 W

16.20 m^2 ——————— X

X = 194.40 W

Lo que un poco más económicamente nos está proponiendo un par de lámparas de aproximadamente:

100 W

Es importante remarcar que no se busca cubrir con exactitud la cantidad de Watts, eso sería imposible, pero sí se puede acercar más a la solución en relación con esa cantidad, tanto con los valores inmediato superior como inmediato inferior.

Finiquitemos este asunto con una tercera propuesta, también muy usada por los constructores de prestigio, que al igual que la inmediata anterior se acerca mucho más al ahorro y a las posibilidades de los usuarios. Además de que (tanto el anterior método como éste) están más próximos a lo cotidiano del quehacer de la construcción civil.

Desde generaciones anteriores (y sin intentar despertar polémicas innecesarias), cuando iluminar artificialmente era un deber de honor, un honor que era cuidado con esmero como cualquier otra actividad del arquitecto, se empleó indudablemente el popular *Manual Westinghouse*. Cuando consultamos la parte que se refiere a "Edificios y monumentos, alrededores oscuros", cuando dice que van desde 50-200 Lx, escogemos el mínimo, que es de 50 Lx.

100 Lx ——————— 12 W/m^2

50 Lx ——————— X

X = 6 W/m^2

Luego aplicamos otra vez la regla simple donde:

1 m^2 ——————— 6 W

16.20 m^2 ——————— X

X = 97.2 W

Es obvio que esto parece insuficiente, pero, en descargo de este resultado aparentemente escaso, o peor aún, equivocado, diremos que habíamos elegido a propósito "Alrededores oscuros" para que viéramos esta solución. Sin embargo, si escogemos, en esa misma página "Alrededores brillantes", comprobaremos que la respuesta se siente menos lógica, ya que allí se nos indica que la recomendación va desde 150- 500 Lx, sólo que ahora elegimos la menor (en "Alrededores oscuros" pudimos tomar la mayor y encontrar un resultado más normal).

100 Lx ——————— 12 W/m^2

150 Lx ——————— X

X = 18 W/m^2

Esto simplemente se multiplica por el área, o bien, como ortodoxamente se indica con la regla simple:

1 m2 ——————— 18 W

16.20 m2 ——————— X

X = 291.16 W (puede aproximarse a los 300 W).

Es importante resaltar que cuando hablamos de que algunos resultados no parecieran tan lógicos, nos estamos refiriendo a las costumbres que en cada país o región se adquieren con el correr de los años, es decir, quizá tenemos la costumbre de no emplear tantas lámparas, sin embargo, en este último resultado podemos afirmar que no luciría tan mal colocar tres lámparas equitativamente distribuidas en esa primera fachada, cada una con 100 W, lo que daría los 300 W mencionados.

Podemos afirmar que a grandes rasgos, estos y algunos otros procedimientos parecidos, logran solucionar aceptablemente la iluminación artificial externa.

Se insiste en señalar que lo anterior se ha resuelto sólo para las lámparas incandescentes y, en cada caso, escogimos una opción, la mínima o la máxima, ni siquiera nos permitimos elegir, por ejemplo, una intermedia. Porque si hubiéramos abierto todo ese abanico de posibilidades, por lo menos por cada procedimiento expuesto debimos haber presentado otros tres resultados más.

3.6 Iluminación de interiores

Ahora veremos la Iluminación Artificial Interna, la que por cierto también usualmente es resuelta con el Método de Fachadas o Iluminación Artificial Externa (o de Watts/m^2). Sin embargo, recomendaremos a continuación el Método del Lumen, el cual, al igual que el anterior, tiene demasiadas variantes, las que trataremos de resumir con el siguiente apartado.

Sólo haremos un breve preámbulo, ya que esto se explica más a detalle cuando se realiza el estudio directamente en la reflexión arquitectónica del espacio, considerando un amplio abanico de variables, como pueden ser:

- Destino del espacio.
- Capacidad económica del cliente.
- Disponibilidad del cliente para que el proyecto cumpla cuando menos con los mínimos requisitos.
- Posibilidad de que el mercado del entorno satisfaga tanto los requerimientos del usuario como los del proyectista.
- Capacidad del diseñador o proyectista.
- Disponibilidad del responsable de obra (proyectista o arquitecto) para que la ley se cumpla por todos los trabajadores implicados en la ejecución de la obra.

El Método del Lumen

Como ya se había señalado, es el más común para el cálculo de la iluminación artificial en los interiores, se trata de un método de fácil acceso y el más utilizado. Es importante ratificar que el reglamento es bastante amplio a este respecto, por lo que no creemos necesario transcribir con puntos y comas tan vastas recomendaciones. Sin embargo, sí recordaremos cuando menos lo más elemental, es decir, haremos hincapié en que el color de la iluminación emitida por las lámparas tiene que ver con los *acabados y el color* de los muros, o los (equivocadamente llamados) *plafones*, además del piso. También deberá estar involucrada la *altura* de estos espacios y del montaje de dichas luminarias, así como todas las demás variables que hemos enumerado en líneas anteriores. Todo esto es un tema sumamente amplio al que tal vez no podamos dedicar tanta escritura para no desviarnos de los dos objetivos principales que son la iluminación artificial y la instalación eléctrica.

Cuando hablábamos de la eficiencia luminosa ya comentábamos algunas de las sugerencias que ahora retomaremos para el Método del Lumen:

- Habrá que determinar también el nivel de iluminación requerido por el local analizado y el destino que éste tendrá.
- Una parte que se descuida frecuente es la selección apropiada de las lámparas; no podemos permitirnos la negligencia de suponer que cualquier luminaria es utilizable para el espacio o local. Tomemos en cuenta el sistema de iluminación, eficiencia, tipo de montaje y costo.

- Hallar el *Índice de Local*, considerando el largo, ancho y altura de montaje.
- Determinar completamente las *reflectancias* del techo y muros (*Reflectancias* se entiende por el porcentaje de luz reflejada por la superficie iluminada).
- Encontrar el *Coeficiente de Utilización*, el cual es la relación entre el flujo luminoso que llega al plano de trabajo y el flujo total emitido por las luminarias. Es obvio que aquí se toman en cuenta la eficiencia del equipo, altura del montaje, proporciones del local y las reflectancias de las superficies del techo y las paredes.
- Determinar el *Factor de Mantenimiento*, es decir la depresión luminosa del equipo, por la acumulación de polvo y disminución del rendimiento de las lámparas durante su vida útil.
- La forma general para hallar el número de luminarias:

El término de *luminaria* se entiende como el agrupamiento de dos o más lámparas en un punto específico.

$$N = \frac{Em. A}{L. l. Cu. M}$$

En donde:

N = El número de lámparas requeridas

Em = Nivel de iluminación seleccionado en luxes

A = Área del local en m^2.

L = Flujo luminoso que emiten las luminarias en lúmenes

l = Número de lámparas de cada gabinete (luminaria o gabinete en paquete)

Cu = Coeficiente de Utilización

M = Factor de Mantenimiento[9]

Al igual que en el *Método de Watt/m^2*, veremos sólo a grandes rasgos un ejemplo descriptivo que de ningún modo podría abarcar el muy amplio espectro de problemas que deberá resolver el proyectista en su ejercicio profesional, invitamos al lector a considerar la urgente necesidad de conocer lo más a fondo posible todas las leyes que rigen esta interesante actividad y a intercambiar opiniones con los especialistas encargados de este tipo de instalaciones.

Ejercicio 1

Proyectaremos la iluminación para un taller de usos múltiples de 12 m x 12 m.

- El nivel de iluminación es de 270 luxes (Lx).
- La selección adecuada de las lámparas será la fluorescente, de tipo sobreponer, armadura de lámina de acero rolada (trabajada) en frío, esmaltada a fuego blanco en mate, 4 lámparas de encendido rápido de 74 Watts (*Slim-line*) cada una, balastro de alto factor de potencia

[9] Recordemos que se conjunta la información de varios autores, no sólo de libros, además de los manuales y los reglamentos.

y bajo nivel de ruido. Dimensiones: 2.44 m de largo, ancho 0.61 m y peralte de 0.11 m.

• Además de otras recomendaciones más que cada labor requiera, recordemos que es necesario indicar si se trata (como en este caso) de dos lámparas con flujo luminoso medio, blanca fría, y dos con flujo luminoso medio, blanca cálida.

L = Flujo Luminoso = 5,250 lúmenes

l = Número de lámparas / Luminaria = 4

Índice del Local = C

• Recordemos también otra ley que nos dice que las distancia entre lámparas es a 1.20 (la altura de montaje).

• Las reflectancias: techo 70% y muros 30%. Por tal razón el Cu =0.41.

• El Factor de Mantenimiento M = 0.50 (mala).

• La distancia entre lámparas = 1.20 x 2.70 = 3.24 m.

Empecemos entonces con el número de lámparas requeridas para el espacio indicado en este ejemplo.

$$N = \frac{Em \cdot A}{L \cdot l \cdot Cu \cdot M}$$

Sustituyendo lo anterior, tenemos que:

$$N = \frac{(270\ Lx)\ (144.00 m^2)}{(5,250\ lúmenes)\ (4)\ (0.41)\ (0.50)}$$

N = 9.03 luminarias

Como ya lo hemos venido comentado, los fabricantes nos recomiendan que la separación entre las lámparas sea aproximadamente 1.2 *veces* la altura del montaje, de manera que la separación de estas luminarias tendría que ser de aproximadamente 3.24 m, tanto longitudinal como transversalmente.

Si atendemos al cálculo anterior, veremos que se requieren 9.03 lámparas y que para alcanzar un nivel de iluminación de 270 Lx, al estar colocando solamente 9 luminarias, el nivel que resulta es el siguiente.

09.03 lámparas —— 270 Lx

9.00 lámparas —— X

X = (9.00) (270) / 9.03 = **269.06 Lx**

Por tal razón, los Watt/m^2 para este ejercicio son:

4 lámparas x 75 Watts = **300 Watt/lámpara**

Entonces:

144.00 m^2 —— 300 Watts / lámpara

9 lámparas —— X

X = (9 lámparas) (300 Watt/lámpara) / 144.00 m^2 = **18.75 Watts/m^2**

La siguiente figura representa la forma de utilizar este método de iluminación, sin embargo, el potencial de uso es muy amplio, por lo que invitamos a nuestro lector a intercambiar información con los especialistas respectivos.

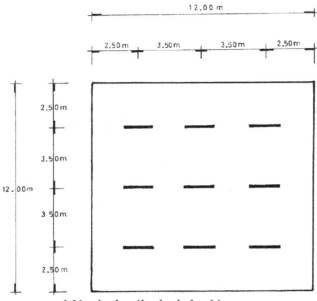

Método de cálculo de los lúmenes
(Procedimiento oficialmente más elaborado)

No queremos avanzar sin tratar un enfoque clásico que formó generaciones completas, no sólo de arquitectos, sino de carreras y oficios muy emparentados con la Arquitectura y, en general, con la construcción.

Pareciera redundante volver a hablar del Método de cálculo de los lúmenes, cuando ya lo hemos detallado en páginas anteriores, pero creemos que es una verdadera *pieza de arte* el siguiente procedimiento, el cual nos permitiremos referenciar textualmente:

Este método está basado en la definición del lux, que es igual a un lumen por metro cuadrados por tanto:

Número de lux = Lúmenes incidentes sobre una superficie
                                        Área en metros cuadrados

Lámparas por luminaria x Lúmenes por lámpara x Coeficiente
Nivel en lux =   de utilización x factor de conservación o de pérdidas
                                        Área por luminaria

Relación de la cavidad del local = 5 H (longitud + anchura)
                                        Longitud x anchura

Donde H es la cavidad del local.

Una fórmula más conveniente es:

Relación de la cavidad del local = 10H x relación Gaysunas
                                        Ancho

La relación Gaysunas refleja la influencia de la longitud del local y varía con la relación entre la longitud y la anchura.

Número de lámparas = <u>Nivel luminoso en lux x Superficie</u>

Lúmenes por lámpara x Coeficiente de utilización

x Factor de conservación o mantenimiento

Número de luminarias = <u>Número de lámparas</u>

Lámparas por luminaria [10]

Creemos que desde hace bastantes años se han guardado en el olvido y la negligencia métodos que en apariencia pudieran simular demasiada matemática y muchas reflexiones o ¿por qué no? dificultad para comprenderlos, sin embargo, tenemos la completa seguridad que nada está lo suficientemente alejado de nuestro *entender* como para no intentar transitar por este maravilloso mundo de la ciencia, y a la vez estar tan cerca del arte (y por ello de la arquitectura).

Ejercicio

Calcular el número de lámparas para un aula de clases de 12 m de largo por 10 m de ancho. Se usarán dos lámparas T-12 de 75 W, *slim line* luz del día (2 x 75 W. 127 V) 7,630 lúmenes[11]. Debido a que es iluminación directa, se considera muy limpio, los muros son claros, así como el cielo raso (absurdamente llamado plafón, o peor aún: falso plafón). Iniciemos entonces en orden:

1. Son 300 luxes, que se pueden consultar en cualquier manual, libro, reglamento o simple folleto (Westinghouse, 94).

2. 7,630 lúmenes (http://www.cdservices.com.mx/Informacion/Balastro.htm [agosto de 2009]).

3. Al haber decidido que los muros fueran claros determinamos automáticamente que se trata de un 50% (0.50) tal y como se ve en la tabla (*Agenda del Constructor*, 1992: 142).

4. Del mismo modo la reflexión del cielo raso (de color claro también) es del 80% (0.80), como se ve en la 1ª tabla (*ibídem*).

5. Al buscar la relación del local (por ser directa, pudiendo ser también semidirecta o mixta), deberemos usar la expresión:

$$K = AB / H (A + B) =$$
$$K = 12.00 \text{ m} \times 10.00 \text{ m} / 2.60 \text{ m} (12.00 \text{ m} + 10.00 \text{ m}) = 2.09$$

Si se tratara de indirecta o semiindirecta, la fórmula es:

$$K = 3AB/2 H (A + B)$$

---

[10] *Agenda del Constructor,* 1992, pp. 109-129. Es de suma importancia que el lector pueda leer todas esta páginas para tener una mejor idea de los conceptos, por ejemplo de *Grados de suciedad, Emisión luminosa relativa, Reflectancias, Relaciones de cavidad,* etc. Anticipando que se trata de un procedimiento que no deja lugar para posibles errores, y que es usual arribar de este modo a soluciones de elevada confiabilidad.

[11] Ver Tabla comparativa: http://www.cdservices.com.mx/Informacion/Balastro.htm (agosto de 2009).

6. El coeficiente de mantenimiento (Cm), se busca con el tipo de iluminación (directa) en la tabla 3ª (*Agenda del Constructor*, 1992: 142), obteniendo 0.65

7. El número de luminarias se da en la fórmula:

N = Em A/L l Cu Cm =
N = 300 (12.00 m X 10.00 m) / 2 X 7630 X 0.65 X 0.75 = **4.83~ 5 luminarias**

Aun cuando pareciera exagerado, se puede elevar hasta 6 luminarias para que puedan quedar en una distribución simétrica y así lograr una iluminación uniforme.

Son varias las formas de proponer su distribución, pero una muy sencilla es la siguiente:

Lado largo = Distancia / Número de Lámparas = 12.00 m / 3 = **4.00 m**
Lado corto = Distancia / Número de Lámparas = 10.00 m / 2 = **5.00 m**

Recordemos que las orillas son la mitad del valor encontrados en sus respectivos centros. Por lo tanto, para el lado largo serán 2.00 m y para el corto 2.50 m.

Tampoco olvidemos que los espacios pueden ser de figuras (en plantas arquitectónicas) no necesariamente ortogonales, es decir, ovoides, en forma de elipses o cualquier otra figura, siempre y cuando la ubicación de los lugares de trabajo (por ejemplo, mesas, restiradores, etc.) reciban uniformemente la iluminación artificial.

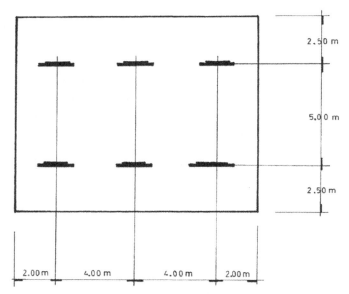

Hemos elegido a propósito un ejemplo donde puedan ser utilizadas diferentes referencias bibliográficas, sin ser esto necesariamente forzoso, ya que todo el proceso de cálculo puede ser respaldado perfectamente por un solo autor de texto, manual o reglamento (entre otros). Creemos indispensable que el arquitecto sepa *maniobrar* con distintas recomendaciones de las normas, para que pueda con el tiempo *templar*

sus decisiones. Insistiremos en que los resultados nos permiten tomar una determinación *hacia arriba* o *hacia abajo* en relación al número obtenido (podemos hacer las aproximaciones necesarias), sin que esto vaya en perjuicio de la calidad de la propuesta de la iluminación artificial, ya que las cantidades de lámparas se sustentan en reglamentos que suponen valores aproximados de los niveles de iluminación, es decir, que *no necesariamente se tendrían que elegir los números rigurosamente exactos que arrojen nuestros procedimientos matemáticos.*

Con estas aclaraciones, podremos entrar a lo que en sí es la *Instalación Eléctrica*, que es la parte sustentante de la anterior (la *Iluminación Artificial)*, y en la que habremos de encontrar en general un enorme y preocupante desconocimiento de quienes se dedican a la profesión de la Arquitectura.

Ejemplo

Iluminar la habitación de una vivienda de interés alto, con una intensidad de iluminación recomendable de 150 Lx (*Agenda del Constructor*, p. 144), de 5.00 m x 9.00 m, reflexión en el techo de 80%, en los muros del 50% y en el piso del 10% (*ibídem*: 143), con tipo de iluminación semidirecta, y estado de limpieza medio (*ídem*: 142).

1. Obtención de la intensidad luminosa de las lámparas.

$\Phi = A \cdot E / C_a \cdot C_b$

Donde:

Φ = Cantidad de lúmenes

A = Superficie del piso en m^2

E = Cantidad de Luxes (ver tabla p. 144 Agenda)

C_a = Coeficiente de utilización (P. 143)

C_b = Coeficiente de mantenimiento

(*Agenda del Constructor*, p. 146)

3.7 Instalación eléctrica

Antecedentes

A grandes rasgos se puede decir que por las torres de alta tensión, se recorren enormes distancias (kilómetros y más kilómetros) que llevan 34,500 *voltios*, concepto que *mide la presión en la electricidad.* Los alambres de los postes que conducen dicha electricidad por las calles a nuestras casas llevan 2,400 voltios y, antes del ingreso a los edificios, éstos no son constantes, pudiendo variar aproximadamente desde 110 hasta 125 voltios, siendo su promedio de 120.[12]

La electricidad se produce en enormes plantas eléctricas, las que generan electricidad con turbinas que se accionan por agua, viento o vapor, y aun cuando resulte obvio, es necesario recalcar el hecho de que cuando se eleva el voltaje (hasta en medio millón de voltios o más)

---

[12] *Ob. Cit.* Luis Lesur, p. 23.

desde las plantas eléctricas, su transportación es mucho más fácil y económica, entre las mismas ciudades o poblaciones, recorridos que pueden implicar incluso cientos de kilómetros y que esta tensión deberá disminuir a su ingreso cuando al llegar a las ciudades *la estén esperando* los transformadores reductores que se encuentran en las subestaciones, para así *pasar* a las calles y, con esto, cuando sea recibida dicha energía en los transformadores (aéreos o subterráneos), puedan llegar a las diferentes edificaciones, usualmente en 120 voltios.[13]

Generalidades y definiciones
Toda etapa constructiva amerita nuestra total responsabilidad y atención, sin embargo, la instalación eléctrica deberá (muy especialmente) cuidar situaciones de sumo riesgo como potenciales sobrecargas que pudieran concluir con accidentes incluso fatales de manera directa o posterior a la *entrega de la obra*, como el lamentablemente característico incendio. También males de rango menor que no por ello debieran dejar de preocuparnos como el consumo excesivo de energía que causará un costo económico mayor y permanente para el usuario. Sobra decir que este tipo de instalación es de suma delicadeza, pero lo más preocupante es que al entregar la obra, permanentemente habrá demasiados y onerosos defectos. Sin embargo, al ejecutar esta parte de la construcción, ocurre una situación común en nuestro medio, y no sólo por nuestra profesión, sino por otras allegadas a la construcción: el hecho de que quienes supervisan estos trabajos desconocen el adecuado funcionamiento del cableado. Esta ignorancia tiene demasiadas consecuencias, y todas son preocupantes:

• Las secciones pudieran no cumplir con los mínimos necesarios.
• Esto es peligroso porque lo más seguro es que ocasionemos riesgos más pronto de lo que imaginemos.
• Frecuentemente a un mismo contacto conectan más de un aparato, y si éste es de un circuito inadecuadamente supervisado (abajo de los límites aceptables), habrá serios problemas.
• Los jóvenes arquitectos (y una buena cantidad de los no tan jóvenes), al desconocer cuántos cables deban ir en cada ducto, son burlados por los electricistas, quienes a su antojo pueden pasar la cantidad de material que deseen, aparentando haberlo utilizado y cobrándolo posteriormente, mintiendo no sólo en la cantidad, sino en la sección o calibre de éste, ocasionando un costo excesivo que va directo al bolsillo del cliente.

Materiales usados en las instalaciones eléctricas
Antes de iniciar, hablemos a grandes rasgos de los materiales usados en las instalaciones eléctricas. Una instalación eléctrica implica: conductores eléctricos, interruptores apagadores, contactos (tomacorrientes), ductos (conductores), tableros de distribución, protección contra

[13] Naves Ruiz, Juan. *Instalaciones Eléctricas Básicas (Mantenimiento y Reparación)*, México, Limusa, 1994, p. 10

sobre corriente, y accesorios como las cajas cuadradas, redondas y otro sinnúmero de materiales como: pinzas, calibradores, cinta aislante.

De cada uno de los materiales mencionados hablaremos en las páginas posteriores.

Conductores eléctricos

Hablemos de algunos de ellos, designando al *aislamiento* con la letra R (Rubber), habiendo en los tipos RW (resistentes al agua), RH (resistentes al calor) para 60°C, 70°C, tipo T (termoplástico), siendo los más comunes tipo T y TW (para la humedad y temperaturas no mayores a 60°C), TA (termoplástico y asbesto) resistente hasta 85°C, del tipo AVB de tela Cambridge y asbesto, también a 85°C.

Empecemos por remitirnos a quienes designan los reglamentos internacionales:

AWG (American Wire Gauge), el Sistema Americano de Calibres es quien nomina los diámetros de alambres en números enteros. "Por ejemplo, el alambre AWG número 14 tiene un diámetro de 0.064 pulgadas y el número 12, 0.081 pulgadas, a menor número AWG mayor diámetro y mayor capacidad para conducir corriente".[14]

Una inicial definición nos puede ayudar a entender varias situaciones.

• Un alambre solo es un hilo de conductor con recubrimiento de aislante protector, se vende por rollo o por la longitud necesaria, habiendo de cobre, aluminio cobrizado y aluminio.

• Un cable puede estar constituido por dos o más alambres también con recubrimiento protector de plástico o de metal.

• El cordón son una serie de alambres trenzados, igual con recubrimiento protector.

• Algunas otras consideraciones generales son que el alambre de aluminio es de especial cuidado, por no comportarse como el cobre, ya que se dilata y contrae, esto afloja las terminales del tornillo con las obvias consecuencias de alto peligro.

• Recordemos que *no se puede usar* el alambre cobrizado donde se utilice el aluminio.

• Los calibres 14 y 12 son los más empleados, el número 12 conduce hasta 20 amperes y el 14 hasta 15.

• El mínimo alambrado en casas (AWG) es con el número 14.[15]

Cuando no sepamos de qué calibre es un conductor (cuidando de quitar el aislamiento), tenemos que utilizar *el calibrador*.[16]

Es recomendable reconocer cada uno de los cables, por tipo de recubrimiento, o bien en función de la cantidad de aparatos y/o circuitos a los que servirá el cable, teniendo que indicar cuál es el hilo más conveniente.

---

[14] Creative Homeowner Press ™, *Guía Rápida Instalaciones Eléctricas*, Editorial Limusa, México, DF, 2005, p. 14

[15] *Ibídem.*

[16] Harper. *ABC...*, p. 39.

Equipos de control y protección

Para este apartado hablaremos de los *apagadores* (entre otros requerimientos más):

Al apagador le dicen *switch* (aunque también así le denominan al interruptor que va inmediatamente después del medidor).

Las denominaciones casi siempre se hacen en pulgadas, aun cuando tengamos la obligación, en la presentación final de los planos, de *regresar* al sistema métrico decimal.

De cualquier modo, invitamos a que esta temática se lea con más detenimiento en el apartado de "Fusibles y protecciones", donde con mayor detalle abordamos dicho asunto.

3.8 Proceso de diseño y cálculo de instalaciones eléctricas

Análisis de carga eléctrica

Recordemos viejas definiciones: al *circuito eléctrico* lo podemos entender como aquel conjunto de accesorios eléctricos por el cual circula una corriente efectuando un trabajo. Como antes se dijo, a la *sobrecorriente* se le evita protegiendo al circuito, y esto se logra con los *fusibles*, los cuales pueden ser de tapón y de cartucho, los que a su vez se dividen en rectos y de navajas, sin embargo, y para no adelantarnos, primero desarrollaremos el tema de análisis de carga eléctrica.

Cuando estamos diseñando el espacio, es usual que no determinemos los totales de las cargas parciales (que corresponden a cada circuito), y mucho menos *el total final*.

Si desde el mismo proyecto vamos previendo las cargas para cada núcleo de nuestro edificio (cualquiera que éste sea), ratificando que esto se hace después de un concienzudo análisis de cada espacio en el aspecto de la iluminación artificial, entonces tendremos una adecuada visión general de nuestro diseño, y con ello lograríamos la cuantificación del volumen total de carga, primero por zonas, y luego el total del edificio de que se trate (vivienda, comercio, salud, etc.).

Es usual que en los proyectos pensemos que la iluminación puede ser monótonamente simétrica, casi siempre insuficiente (pocas veces se provoca deslumbramiento por exceso de lámparas); entonces, en esta cuantificación de cargas, casi siempre delegamos esta responsabilidad al maestro electricista, consiguiendo soluciones no necesariamente estéticas, mucho menos artísticas, o siquiera confortables (o al límite peligroso de la inseguridad).

Acometida eléctrica

A esta parte prácticamente no le corresponde ser resuelta por nuestra profesión, pero entendemos que no está de sobra saber cuál es la función y características de cada uno de sus elementos, y que la compra de todo el material como son: mufa, el mástil, la base del medidor, y la varilla a tierra, *sí le compete* a quien ejerce la arquitectura.

A propósito de la *varilla a tierra*, recordemos las especificaciones al respecto, se trata de una varilla de tierra de 3 metros llamada comúnmente *Copperweld* de 5/8". Aunque hay otras más que no es usual que se utilicen como las de acero recubierto con cobre (en 10 y 13 milésimas) que normalmente duran 35 y 45 años respectivamente, o las empleadas por algunos constructores *ahorradores*, y que son de acero galvanizado, las que tendrán una vida de 15 años aproximadamente. [17]

O bien otro tipo de *aterrizaje*, horizontal o incluso de compuestos químicos.

Cuando la electricidad circula por las calles con destino a nuestras casas u otro tipo de edificación, hablamos de 2,400 voltios y antes del ingreso, éstos no son constantes, pudiendo variar desde 110 hasta 125 voltios, siendo su promedio de 120. Desde el año 1950 se tienen las acometidas con tres alambres, dos a 120 voltios y un tercero puesto a tierra, que no es correcto llamarle *neutral*.

¿A qué nos referimos cuando hablamos de *un hilo*, a tres fases antes de ingresar al edificio, o qué tan alto debieran llegar a la propiedad (hablando de los aisladores y de la propia mufa)?

En las siguientes imágenes (tomadas del libro *Manual de instalaciones eléctricas*, de Luis Lesur, México: Limusa, 1992, citado y de recomendable y necesaria consulta) podemos apreciar el servicio completo de la *acometida*, la cual vemos todos los días al transitar por cualquier calle.

También reiteramos que mucho de lo que aquí presentemos se está actualizando día a día, en lo que toca a los productos y materiales a usar, por lo que insistimos en la recomendación de que nos actualicemos lo más seguido posible, para no caer en anacronismos; por ejemplo, las lámparas, los tipos de postes que las sostienen, o la misma presentación y la función de cada uno de estos elementos, pudiera dar pie a que se pensara que algunos de los casos aquí presentados se encuentren desfasados, sin embargo, recordemos que en sí, para lo que se utiliza cada uno de estos servicios, no ha variado en absoluto.

No está de más comprender qué es un *alimentador primario* y cuál el *secundario*, o bien dónde generalmente se ubica el transformador, el mínimo de las alturas cuando ya nos dirigimos hacia la acometida.

Recordemos que en más de una ocasión estaremos edificando en esos abundantes *cinturones de miseria* donde aún no hay postes de luz (entre muchos otros servicios indispensables) y que por ello deberemos cuidar *los mínimos de altura* en los claros de llegada, ya que de no hacerlo estaremos incurriendo en actos de alto riesgo para los usuarios.

[17] http://www.ruelsa.com/notas/tierras/pe80.html (octubre de 2008).

ACOMETIDA

TOMA DE CORRIENTE

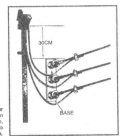

30CM

Los aisladores deben estar sólidamente montados, tan alto como sea práctico, pero un poco más abajo que la mufa.

BASE

Imágenes: *Manual de instalaciones eléctricas*, de Luis Lesur, México: Limusa, 1992.

El número de cables de la acometida cambia según el número de fases que contrate. Si sólo se contrata una fase de 110 voltios, la acometida será con un hilo. Si, en cambio, se contratan dos, la acometida tendrá dos cables. Los hilos de tierra corren junto a los de corriente.

Si contrató tres fases, la acometida tendrá tres cables.

82   MANUAL DE INSTALACIONES ELÉCTRICAS

ACOMETIDA

La entrada del servicio debe estar localizada en un punto que facilite tres cosas:

Primero, que facilite que lleguen los cables desde la línea principal a la fachada.

TOMA DE CORRIENTE

Segundo, que tenga desde la calle, acceso fácil al medidor, para que la empresa que proporcione la energía pueda hacer la lectura del medidor rápidamente y con toda precisión.

Y tercero, que el interruptor principal de la corriente, que debe estar junto al medidor, esté en un lugar al que se pueda llegar fácilmente para cortar la corriente rápidamente en una emergencia.

80   MANUAL DE INSTALACIONES ELÉCTRICAS

Circuitos alimentadores

Comentábamos páginas atrás la importancia de saber cuantificar las cargas parciales, para así poder formar cada uno de los circuitos secundarios (mejor conocidos en este caso como *Circuitos Alimentadores*), es frecuente que se obtengan, por un lado, circuitos sobrecargados, o bien insuficientes (con pocos watts).

Los Circuitos Alimentadores nacen precisamente de una suficiente reflexión, no sólo en lo estético, lo funcional, lo económico, sino en la disposición del profesionista para entregar un producto con la necesaria calidad.

Fusibles y protecciones

Dijimos que a la sobrecorriente se le evita protegiendo el circuito, y que esto se debe hacer con los fusibles, los que son de tapón y de cartucho, que a su vez se dividen en rectos y de navajas.

En las siguientes imágenes[18] podemos apreciar desde los elementos que ya no son tan comunes, como los que aún utilizamos, como pueden ser desde los fusibles de enchufar hasta *los de pastilla* o más comercialmente conocidos como *termomagnéticos*.

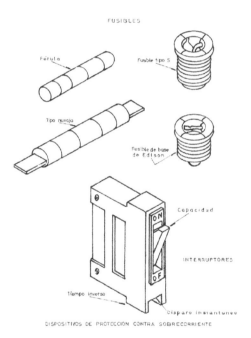

FUSIBLES

Férula

Fusible tipo S

Tipo navaja

Fusible de base de Edison

Capacidad

ON

INTERRUPTORES

OFF

Tiempo inverso

Disparo instantáneo

DISPOSITIVOS DE PROTECCIÓN CONTRA SOBRECORRIENTE

Los fusibles de tapón prácticamente ya no se usan y eran desde los 15 a los 30 amperes.[19] Los de cartucho se presentan en la siguiente tabla:

[18] Harper, E. *Manual Práctico de Instalaciones Eléctricas*, p. 71
[19] Sin embargo los mencionamos porque es común que todavía aparezcan en los libros, incluso en los *actualizados*.

FUSIBLE LIMITADOR DE CORRIENTE TIPICO

CONSTRUCCION DEL FUSIBLE LIMITADOR DE CORRIENTE

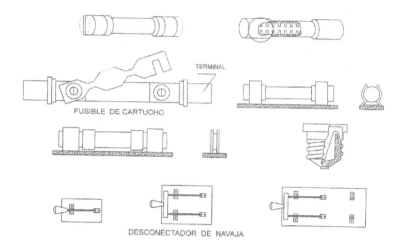

FUSIBLE DE CARTUCHO

DESCONECTADOR DE NAVAJA

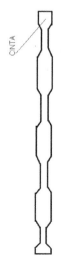

Dimensiones de fusibles en cartuchos	
Tamaño en amperes	Longitud en pulgadas
0-30 a	2″
31-60 a	3″
61-100 a	5 7/8 ″
101-200 a	7 1/8 ″
201-400	8 5/8 ″
401-600 a	10 3/8 ″

¿Qué sentido tiene conocer y manejar esta tabla, tal vez ya en desuso? Surgen otras preguntas: ¿Cómo podríamos asegurar que a nuestros futuros arquitectos no les tocará resolver instalaciones, por ejemplo, para viviendas de interés alto? ¿O de interés medio con cierto *lujo*? ¿Grandes complejos multifamiliares? ¿Fábricas?

Recordemos que después de los 600 amperes se habla de alta tensión, y que para los fusibles de cartucho su construcción puede ser de tipo renovable o fijo. (El fusible tipo cartucho renovable se refiriere a lo *renovable* de la cinta de protección que se encuentra adentro del fusible.

Éstos son de tipo ordinario, o bien de acción retardada. Siendo los ordinarios los que en una sobre corriente soportan 30 o 40 veces más la corriente nominal. Y los de acción retardada hasta 200% de su valor nominal. En la actualidad se ha puesto de moda el uso de los tableros de distribución con fusibles de pastillas o más usualmente conocidos como *termomagnéticos*. Los que tienen la gran ventaja de que operan abriendo el circuito ante la sobre corriente. Se restablece el circuito volviéndolo a su posición original (para su posterior encendido); y se fabrican para circuitos desde 15, 20, 30, 50 y mayor amperaje.

Uno de las presentaciones, como en la siguiente tabla,[20] nos permite ver los tamaños comerciales de los fusibles en amperes.

Tamaños comerciales de fusibles en amperes					
3	35	70	110	225	400
6	40	80	125	250	500
10	45	90	150	300	600
15	50	100	175	350	
20	60		200	400	

---

[20] Carretero, p. 13.

Circuitos derivados

Se refiere a toda esa parte que *va en camino* para alimentar a todos los aparatos y receptores.[21] Es decir, es la última parte de los conductores para generar lo que conocemos como la *energía eléctrica* a través de las lámparas, los contactos, cuando se enlaza con todos éstos.

Se trata de un asunto bastante extenso donde debiéramos hablar muy a detalle de las alturas y ubicaciones de, por ejemplo, los distintos tipos de lámparas, los contactos, los apagadores, y de qué sucede si es que van juntos estos dos últimos; o cómo hay que colocar dichos servicios cuando se trate de un caso demasiado especial, como pudiera ser un lugar de diversión, una sala de quirófano, o un centro de culto religioso. Pero quizá sea mejor restringir nuestro universo a unas pocas recomendaciones que por omisión resultan hasta obvias, y después de sugerir enfáticamente la revisión del reglamento respectivo del lugar en el que estemos trabajando, es probable que sea mejor encauzar nuestra atención a un dilema que frecuentemente enfrentaremos: la debida colocación de los controles de este *circuito derivado*.

Recordamos al lector que los contactos van de 0.30 a 0.50 metros de altura *sobre nivel de piso terminado* (SNPT), aunque en cocina se acostumbran de 0.70 a 0.80 SNPT para ocultarlos atrás del mobiliario respectivo, y que los apagadores tendrán de 1.20 a 1.35 metros SNPT. No quisiéramos tocar el tópico de las lámparas porque cada ley (del respectivo producto) viene suficientemente especificada para el tipo de edificio que solucionemos.

Regresando al tema de los controles secundarios, diremos que cuando se tiene bien definida cada una de las cargas parciales, es decir cómo queda cada circuito, el panorama seguramente nos resultará más ligero, y las decisiones que tomemos serán más fáciles, logrando concluir con mayor comodidad el proyecto.

Posteriormente deberemos determinar el lugar más estratégico para la colocación de cada uno de los controles de los *circuitos derivados*.

Una de las formas es conocer un *punto imaginario* en el centro de la zona a la que está sirviendo este circuito, el cual se puede hallar auxiliándonos de las plantas arquitectónicas correspondientes, esto naturalmente nos permitirá encontrar ese *centroide* y trataremos de apegarnos lo más posible a su colocación, sin embargo, para este asunto hay también un sinnúmero de leyes que nos ayudarán a evitar futuras sorpresas desagradables. Veamos las siguientes recomendaciones para estos centros de carga *secundarios*:

• Estarán en un lugar donde *no* sea fácilmente *alcanzable* por los niños, ya que su manipulación es riesgosa e incluso mortal.

• Preferentemente se ubicarán en un punto donde pueda controlarlo un adulto (en planta baja generalmente se coloca en la cocina).

• Es probable que se necesite más de un tablero secundario (más si es en planta alta).

[21] Becerril, p. 159.

Conductores eléctricos

Debemos reconocer que a la mayoría de los constructores se les complica entender cuál debe ser la cantidad de conductores que se tienen en cada tramo del ducto.

Aunque pudiera parecer demasiado obvio, creemos necesario empezar por lo más elemental, es decir, por el modo de conexiones a los que debemos de acostumbrarnos para saber supervisar profesionalmente este aspecto de la construcción, así que veamos lo siguiente.

Tipos de conexiones (los más usuales)

Para una mejor comprensión de este apartado, remitimos al lector a los diagramas en color contenidos en el *Anexo* final de este libro.

El más elemental es donde tanto el NEUTRO como la FASE (mínimamente) son del número 12, y el RETORNO puede ser del número 14. Tampoco olvidemos que en la marca del apagador va el RETORNO. Se insiste en la necesidad de respetar el código internacional de colores, y en la aclaración de que al neutro que en cable se usa en blanco, en el dibujo se representa en *color azul* (ya que obviamente en la escritura resultaría imposible dibujarlo con línea blanca). Es claro que el rectángulo, en diagonales blanca y azul, representa nuestro tablero de un solo circuito.

También enfatizamos que es de ese modo como tradicionalmente se presenta el dibujo, para que los lectores se acostumbren precisamente a la forma de conexión, sin embargo, pretendemos que también entendamos cuántos, cuáles, de qué calibre y de qué color son los cables por cada tramo; entonces suponemos que un gráfico ayudaría a entender más esto. (Ver *Anexo* en color).

Deseamos enfatizar que el *estiramiento* que presentamos de los tramos pretende presentarle al lector la forma real en que el supervisor de estas instalaciones vería el recorrido y determinaría a la perfección cuántos cables van por cada tramo.

En el siguiente caso añadimos el indispensable *Contacto Polarizado*, lo que le hace ligeramente más complicado:

A diferencia de la Conexión 1 (ver *Anexo* en color), la tierra física (en color verde) es indispensable (y obligatoria por ley) para prevenir accidentes a los usuarios y desperfectos en los aparatos. Es una norma oficial en México desde octubre de 1994. Obligatoriamente es del número 12. Norma que lastimosamente es burlada por la mayoría de los constructores.

Otro de los grandes temores, tal vez el principal, para un supervisor de obra civil, es conocer la conexión de *tipo escalera o de tres vías*, la cual puede ser de modo convencional, la más recomendable aunque sea un poco más cara (por utilizar mayor número de cables), pero más segura, ya que separa el circuito de los contactos, y la conexión en tipo escalera NO ES EN CORTO CIRCUITO, sino en modo *convencional*.

Veremos tres opciones de cómo se resuelven los apagadores de escalera; en el primer caso, la que *respetó* el circuito exclusivo para los apagadores y su conexión fue *convencional,* porque emplea más cables pero *garantiza que no se dé la cercanía entre la fase y el neutro, con los consa-bidos y continuos flamazos,* lo que de suceder nos obligaría a cambiar los apagadores periódicamente.

En el mejor de los casos, ésta es la conexión que menos problemas presenta, y pudiera considerarse una conexión aceptable, si es que la ley permitiera en un mismo circuito conectar a los contactos, apagado-res y lámparas, aunque sabemos que el reglamento indica claramente que es preferible un circuito aparte para los contactos.

Es una desafortunada solución por considerar en un solo circuito lámparas, apagadores y contactos, y además resolverlo en conexión en corto circuito.

Es indispensable recordar que la conexión en corto circuito no se recomienda, ya que se desgastan prematuramente los apagadores, y la cercanía entre la fase y el neutro provocarán chispazos, los que a corto plazo ocasionarán el desgaste de los apagadores y la necesidad de cambiarlos, posiblemente cada dos años (esto depende de la conti-nuidad del uso), pues no hay puentes, sólo retornos.

En todo caso, habrá que recomendar la actualización en la revisión de todos los productos que estén saliendo al mercado, recordemos que hay lámparas con gran cuidado en el aspecto ecológico, las que por cierto, además de ahorradoras tienen características diferentes a las lu-minarias conocidas tradicionalmente.

Claro que de estos seis casos pueden darse más combinaciones, las que a su vez generen un mayor abanico de propuestas, por ejemplo, la forma de conectar a un zumbador y/o timbre, el cual se haría como en el gráfico simple de la conexión de la lámpara, o sea un neutro con número 12 (cable blanco) y un retorno, número 14 (cable rojo) con las especificaciones ya indicadas. (Ver *Anexo* en color).

Habremos de iniciar con el ejemplo más simple del que supone-mos que nadie tiene ninguna duda, y nos estamos refiriendo a todos los casos de cableado, tomando como partida la *alimentación* de cada espacio, es decir, desde que vamos a ingresar (con dos cables) por ejemplo, a una lámpara, la que a su vez continúa hacia un apagador.

De lo que se trata es de que también entendamos qué es lo que ocurre con todas las combinaciones posibles, incluyendo (por supues-to) cuando las conducciones tengan que ser en tres cables, y no nece-sariamente entrando por una lámpara. ¿Qué ocurriría si es con dos (lámparas) y usando apagadores de tres vías? ¿Es lo mismo si entra-mos por lámpara (s) o por apagador (es)? ¿Y si lo hacemos por el (o los) contacto (s)?

Queremos hablar (aunque sea un poco) de las características de los cables *bifilares y trifilares,* así como de los alambres a tierra, recordemos que por omisión *el bifilar* trae un hilo *vivo* (también conocido como *de carga, de corriente, de fase, o caliente*) en color negro, y un retorno en blanco, así como un hilo desnudo o a veces con recubrimiento en co-lor verde que es el llamado conductor *a tierra. El trifilar* trae dos hilos *calientes o vivos,* uno en negro y otro en rojo, el de retorno (también en blanco), y *el de tierra* que tiene las mismas características mencionadas (sin recubrir o en tono verde). Sin embargo, en nuestro medio es mucho más común trabajar con hilos separados, es decir, dos, tres, o más cables (algunos se refieren a ellos como hilos, lo cual es común), aunque pudiera llegar el caso de tener que utilizar este tipo de conductores.

Empecemos con el caso más sencillo:

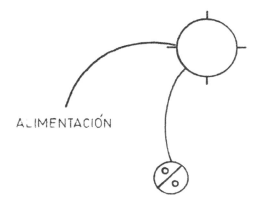

ALIMENTACIÓN

Si la lámpara es de 75 Watt (en este Caso 1), tenemos las siguientes preguntas:

- ¿Cuál es el calibre del poliducto?
- ¿Cuántos hilos (y sus características) hay en la ALIMENTACIÓN?
- ¿Cuántos hacia el apagador?
- ¿Cómo se denomina a este tipo de apagador?
- ¿Hay alambre a tierra?

Si la última respuesta fue afirmativa…

- ¿Es en la lámpara?
- ¿En el apagador?
- ¿En los dos puntos?
- ¿En ninguno?

De todas formas hay muchos más cuestionamientos que hacer en cada uno de los dos puntos de este Caso 1 (la lámpara y el apagador), como, por ejemplo, cómo se da la unión entre hilos y terminales viéndolos a detalle, es decir, qué *borne* (o tornillo) le corresponde a cada hilo y de qué lado (generalmente) vienen las terminales para el hilo vivo. Recordemos que sólo estamos hablando del caso más sencillo, al que hemos denominado Caso 1.

Aunque ya se ha mencionado, se insiste en acostumbrarnos a los términos de hilo *vivo, caliente*, de *fase* (o sólo *fase*), de *corriente* (o nadamás *corriente*), el cual debiera ser preferentemente negro (usualmente así le llaman nuestros maestros eléctricos, aunque nunca lo usen en ese color), también tiene el nombre de hilo *de carga*, y todos tienen cualquiera de esta denominación y sirven exactamente para lo mismo.

Al hilo o cable neutro nunca se le debe considerar *de tierra*, un error tradicional entre los constructores inexpertos, ojala siempre se respetara su color blanco (en el dibujo del *Anexo* se indica en color azul) y su calibre mínimo obligatoriamente es el número 12.

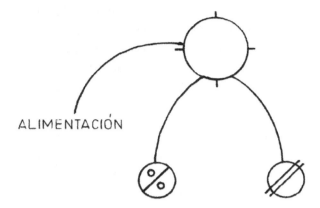

ALIMENTACIÓN

Veamos el Caso 2, donde la condición es que la lámpara sigue siendo de 75 Watt.
- ¿Cambia el número de hilos en la ALIMENTACIÓN (y sus
características) por el contacto?
    - ¿Cuántos hilos son (y sus características) para el contacto?
    - ¿Hay alambre a tierra?
Si la última respuesta fue afirmativa…
    - ¿Es en la lámpara?
    - ¿En el apagador?
    - ¿En el contacto?
    - ¿En los tres puntos?
    - ¿En ninguno?

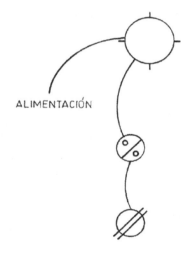

ALIMENTACIÓN

En el Caso 3:
- ¿Cambia en algo el tramo que va de la lámpara (de 75 Watts)
hacia el apagador, por haber cambiado la posición del contacto?
    - ¿Hay alambre a tierra?
Si la última respuesta fue afirmativa…
    - ¿Es en la lámpara?
    - ¿En el apagador?
    - ¿En el contacto?
    - ¿En los tres puntos?
    - ¿En ninguno?

El Caso 4 (y algunos que sigan) todavía será muy simple, no así los últimos, donde incluiremos algunos aspectos más complicados.

ALIMENTACIÓN

- ¿Hay algún cambio en el tramo que va de la lámpara al contacto por haber invertido la posición de éste con el apagador?
- ¿Hay alambre a tierra?
- Si la última respuesta fue afirmativa…
- ¿Es en la lámpara?
- ¿En el apagador?
- ¿En el contacto?
- ¿En los tres puntos?
- ¿O deveras en ninguno?

Para el Caso 5, el problema tal vez parezca complicado porque ahora el ingreso es por un apagador, y la lámpara de 75 Watt se encuentra antes del contacto, es más, aun cuando en este trabajo pudiéramos reflexionar lo suficientemente de cuáles son las dificultades que vamos encontrar, es posible que a corto, mediano, y largo plazo surjan dilemas más complejos, entonces la sugerencia (como lo hemos venido insistiendo) es que actualicemos la información posible.

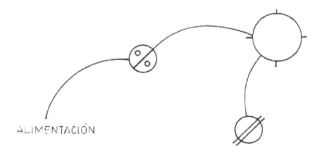

ALIMENTACIÓN

- ¿Cuántos hilos (y sus características) hay en el tramo de ALIMENTACIÓN?
- ¿Hay alambre a tierra?

Si la última respuesta fue afirmativa…

- ¿Es en la lámpara?
- ¿En el apagador?
- ¿En el contacto?
- ¿En los tres puntos?
- ¿En ninguno?

¿Y si cambiamos el orden anterior? En el Caso 6, ahora en lugar del apagador entramos por el contacto y antes del apagador debemos pasar por la lámpara.

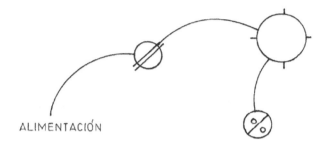

- ¿Cuántos hilos (y sus características) hay en el tramo de ALIMENTACIÓN?
- ¿Hay alambre a tierra?

Si la última respuesta fue afirmativa…

- ¿Es en la lámpara?
- ¿En el apagador?
- ¿En el contacto?
- ¿En los tres puntos?
- ¿En ninguno?

¿Qué sucede si mantenemos el ingreso o la ALIMENTACIÓN, pero ahora todo está *en cadena*: contacto, apagador y lámpara? Reflexionemos el Caso 7.

- ¿Todo queda igual?
- ¿O sólo cambia el tramo de la ALIMENTACIÓN?
- ¿O algún tramo sufre modificación?
- ¿Hay alambre a tierra?

Si la última respuesta fue afirmativa…

- ¿Es en la lámpara?
- ¿En el apagador?
- ¿En el contacto?
- ¿En los tres puntos?
- ¿En ninguno?

Para el Caso 8:

ALIMENTACIÓN

- ¿Cuál de los tramos varía?
- ¿O todo queda igual?
- ¿Hay alambre a tierra?

Si la última respuesta fue afirmativa…

- ¿Es en la lámpara?
- ¿En el apagador?
- ¿En el contacto?
- ¿En los tres puntos?
- ¿En ninguno?

Previo a la entrada de los casos *difíciles*, insistiremos que estos anteriores ocho ejercicios son con *apagadores sencillos* y también con *contactos sencillos*, y ratificamos que queda mucho qué decir en el aspecto constructivo.

Para los siguientes casos sugerimos la lectura de los manuales que hay actualmente el mercado, en este trabajo hemos recomendado suficiente material bibliográfico, por fortuna muchos de ellos ya traducidos al español, ventaja que no necesariamente se tuvo en otras épocas. Sin embargo sugerimos, por ejemplo, el manual de una firma llamada *Creative Homeowner Press* ™, *Guía Rápida Instalaciones Eléctrica*.

Antes de concluir estos 8 *casos sencillos*, ratificamos que a diario van cambiando las formas de acoplamiento o conexión, ya sea para un apagador, para un contacto o para las mismas lámparas, y entre cada uno de estos tres puntos puede haber combinaciones de productos de lo más exótico que pudiéramos imaginar. Por ejemplo, no necesariamente nos enlazamos o conectamos a los *bornes* (o terminales), a veces *las uniones se hacen a presión,* o por otro lado las entradas no se encuentran en el mismo sitio.

Quizá convenga recomendar no olvidar que los enlaces, en caso de que se trate de terminales, con frecuencia tienen color latonado o bien plateado para los hilos de corriente y blancos, respectivamente.

Aunque no necesariamente pudiéramos asegurar que es un caso típico ingresar por la lámpara, esto tampoco es tan excepcional; aquí seremos más precisos en las preguntas, pero reiterando que los apagadores son de escalera o de tres vías y que la lámpara es también de 75 Watt, entonces, para el Caso 9:

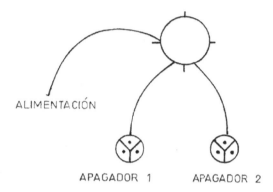

- ¿Es el tramo de ALIMENTACIÓN en dos o en tres hilos?
- ¿Cómo es la solución (número de hilos y sus características) cuando se va hacia el apagador número 1?
- ¿Cuáles son las características cuando vamos hacia el apagador número 2?
- Resolver las mismas preguntas que los casos anteriores para los *alambres de tierra*, es decir, dejar bien claro qué ocurre con éstos en cada uno de los puntos.

En el Caso 10, es por uno de lo apagadores, y para llegar al APAGADOR 2, es necesario pasar antes por la lámpara.

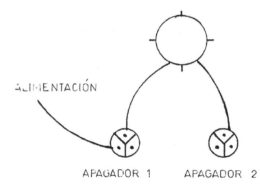

- ¿En la ALIMENTACIÓN, qué tipo de cable es y cuáles sus son características?
  - ¿Cómo es el tramo APAGADOR 1 – LÁMPARA?
  - ¿Y el de LÁMPARA – APAGADOR 2?
- Resuélvanse en los tres puntos (si se cree necesario) los cuestionamientos de los *alambres a tierra*.

En el Caso 11, habrá situaciones en que al mismo hilo blanco lo tengamos que usar con señas o indicaciones (por ejemplo, con cinta de aislar o *negra*) para que dicho hilo haga el trabajo del hilo *vivo (caliente o de corriente)*, recordando que siempre habrá que hacer respetar el Código Internacional de Colores.

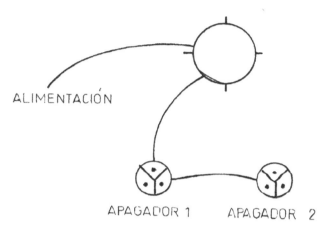

- ¿En la ALIMENTACIÓN, qué tipo de cable es y cuáles son sus características?
  - ¿Cómo es el tramo LÁMPARA - APAGADOR 1?
  - ¿Y el de APAGADOR 1 – APAGADOR 2?
- Resuélvanse en los tres puntos (si se cree necesario) los cuestionamientos de los *alambres a tierra*.

Para el Caso 12 tenemos:

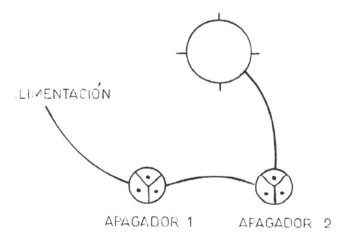

- ¿Se utiliza el hilo blanco *marcado* con cinta negra para trabajarlo como si fuera de corriente?

- Si la respuesta anterior fue afirmativa, indicar en cuál de los tramos o aclarar si se hará en dos de ellos, o en los tres.
- Determinar a detalle las características de cada uno de los tres tramos, y en cuál (o cuáles de ellos) se usan tres y dos cables (o hilos).
- Especificar exactamente qué ocurre con el (o los) *alambre (s) a tierra*.

Para el Caso 13 tenemos:

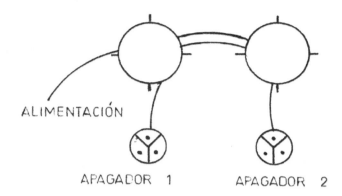

- ¿Se utiliza el hilo blanco *marcado* con cinta negra para trabajarlo como si fuera de corriente?
- Si la respuesta anterior fue afirmativa, indicar en cuál de los tramos, o aclarar si se hará en dos de ellos o en los tres.
- Determinar a detalle las características de cada uno de los tres tramos, y en cuál (o cuáles de ellos) se usan tres o dos cables.
- Especificar qué ocurre con el (o los) *alambre (s) a tierra*.
- ¿Es el enlace entre las lámparas (necesariamente) doble?
- Si es negativa la respuesta anterior, proponer la solución (es) adecuada (s).

El Caso 14 es presentado de esta forma porque queremos insistir en que se domine la utilización, por ejemplo, del hilo blanco *marcado*, si es que aquí es utilizado o no, esto implica modificar la ALIMENTACIÓN, o bien la unión entre apagadores antes de entrar a las lámparas, u obligar a que los ingresos sean por lámparas unidas entre sí.

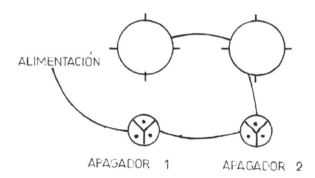

- ¿Se utiliza el hilo blanco *marcado* con cinta negra para trabajarlo como si fuera de corriente?
- Si la respuesta anterior fue afirmativa, indicar en cuál de los tramos, o aclarar si se hará en dos de ellos, o en los tres.
- Determinar a detalle las características de cada uno de los tres tramos, y en cuál (o cuáles de ellos) se usan tres y dos cables.
- Especificar exactamente qué ocurre con el (o los) *alambre (s) a tierra*.

En este Caso 15 exponemos cuándo se *corta* el hilo rojo (además de cómo se reinicia más adelante) y si será necesario el hilo blanco *marcado*, determinando en cuál tramo. Estas preguntas también se pudieran hacer donde tuvieron que utilizarse los apagadores de tres vías.

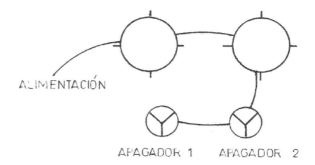

- ¿Se usa el hilo blanco *marcado* con cinta negra para trabajarlo como si fuera de corriente?
- Si la respuesta anterior fue afirmativa, indicar en cuál de los tramos, o aclarar si se hará en dos de ellos, o en los tres.
- Determinar a detalle las características de cada uno de los tres tramos, y en cuál (o cuáles de ellos) se usan tres y dos cables.
- Especificar exactamente qué ocurre con el (o los) *alambre (s) a tierra*.

El Caso 16 se expone con doble *manguera* entre lámparas, incluso, el simple hecho de proponer esta doble conducción entre las lámparas, nos va a permitir iniciar el listado de preguntas.

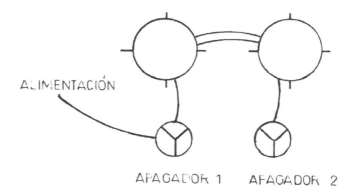

- ¿Es necesario el *doble enlace* entre lámparas?
- Si la respuesta es afirmativa explicar para qué.
- Si fue negativa describir la posible solución.
- ¿Se utiliza el hilo blanco *marcado* con cinta negra para trabajarlo como si fuera de corriente?
- Si la respuesta anterior fue afirmativa, indicar en cuál de los tramos, o aclarar si se hará en dos de ellos, o en los tres.
- Determinar a detalle las características de cada uno de los tres tramos, y en cuál (o cuáles de ellos) se usan tres y dos cables.
- Especificar exactamente qué ocurre con el (o los) *alambre (s) a tierra*.

Finalizando, en el Caso 17 veamos los apagadores en cuatro vías, los cuales son muy socorridos en pasillos largos donde resultaría incómodo y poco funcional usar sólo apagadores de tres vías, ya que el usuario tendría que desplazarse a distancias incómodas para apagar la lámpara, por lo que tenemos lo siguiente, aclarando que en un solo circuito se tiene también los contactos.

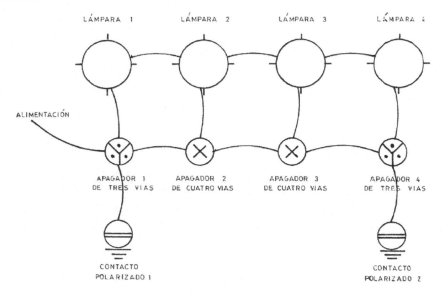

- ¿Dónde van los neutros y en qué calibre?
- ¿Dónde van los retornos y dónde los puentes?
- ¿En qué calibres y colores?
- Señalar las características de cada una de las conexiones de los diez puntos.
- Indicar la ubicación de la tierra, calibre y color.

Hemos tratado de incluir todos los casos posibles para solucionar los cableados más comunes, sin tratar de afirmar con esto que estamos cubriendo todos los casos que a futuro se puedan enfrentar.

3.9 Enlaces por ruta o recorrido

Coloquialmente, al siguiente gráfico, en otras épocas, le llamábamos *la ruta crítica*, y en verdad resultaba una verdadera tragedia intentar solucionarlo la primera vez.

Pero entendemos que si ya lo anterior, desde *las conexiones* se ha comprendido, la solución de esta *ruta crítica* no debiera presentar el mayor problema, al contrario, esto sólo debiera garantizarnos (si lo hemos resuelto bien) que cuando debamos supervisar al técnico eléctrico (al ejecutar la obra civil), nadie tendrá duda alguna, y las cosas no tienen por qué salir mal de ningún modo.

Esta afortunada costumbre de practicar frecuentemente con la *ruta crítica* permanece aún en instituciones que han sido un verdadero orgullo para la nación mexicana, como los CECATI de cada región, que preparan a los técnicos (eléctricos y otros) y hacen de los jóvenes (y no tan jóvenes) un sustento y una fortaleza para estas difíciles tareas como lo son las instalaciones eléctricas, un oficio que bien haríamos en tomar más en serio.

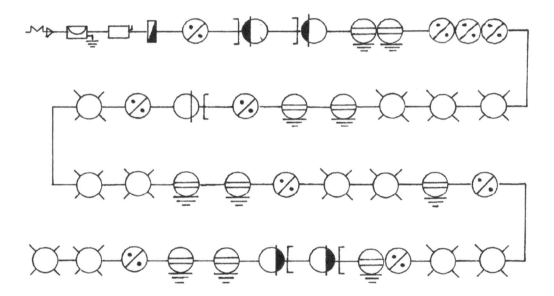

El siguiente es un caso de dos circuitos donde se ha complicado además con la necesidad de usar apagadores de escalera en modo convencional y en corto circuito, ambos casos ya se han debatido en páginas anteriores, de la conveniencia o no de cada cual. Y la solución está en la siguiente figura, invitando al lector a que antes la resuelva por sí solo sin consultar la respuesta.

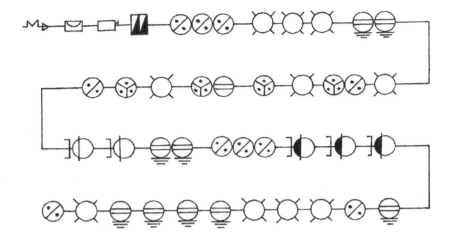

Aparecen entonces los conceptos ya mencionados de los puentes en color amarillo (recordemos que también pueden señalarse en anaranjado), y muchas recomendaciones más como que los contactos por obligación en la actualidad deberán ser polarizados. (Véanse las soluciones y diagramas respectivos en el *Anexo* en color, al final de esta obra).

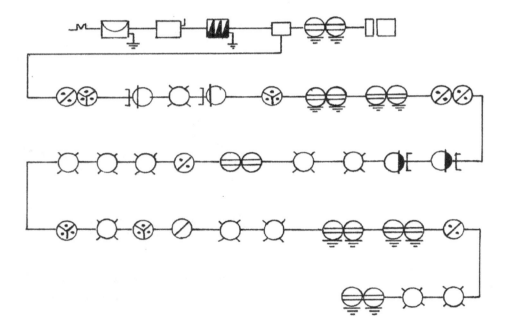

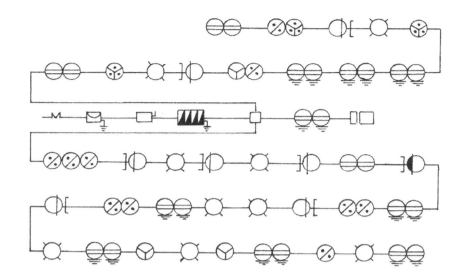

Ahora presentamos algo más real, para empezar a familiarizarnos con la lectura de cada tramo. Es una planta sencilla pero que nos puede permitir ver las posibilidades de solución arquitectónica, de iluminación, eléctrica y de funcionalidad.

Invitamos al lector a resolver esta sencilla planta arquitectónica, para reforzar lo anterior y empezar a acostumbrarnos al número de hilos que debe ir en cada tramo.

Ojala logremos resolverla antes de ver la solución en la siguiente propuesta, recordemos que es de suma importancia acostumbrarnos al número de cables, sus calibres, colores (que prácticamente nunca se respetan, o peor aún, se desconocen frecuentemente) y el clásico hilo de tierra que común y desafortunadamente se olvida, o bien se muestra un vulgar desinterés ante su normativa.

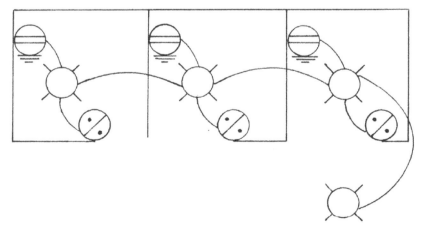

Solucionémosla antes de ver las respuestas en la imagen contenida en el *Anexo* en color al final de esta obra. Es obvio que puede haber muchas más posibilidades que las que aquí planteamos, sin embargo hemos creído que éstas pueden ser las más funcionales. Entendemos que parecieran exageradas todas las indicaciones que se hacen en cada tramo, como las cantidades, los calibres y (en cada uno de ellos) el mismo color respectivo (el que la mayoría no se respeta en la actualidad), pero esto fue una costumbre a la usanza antigua, cuando se tomaba con devoción la obligación de un profesionista

Hagamos ahora algo un poco más complejo y mucho más cercano a la realidad; nos referimos a una planta arquitectónica más elaborada. (Véase diagrama en *Anexo* en color al final de esta obra).

Tableros y control de cargas

Empezaremos con algo muy sencillo: decidir dónde se ha de colocar el *Tablero Principal*, ya que no necesariamente tiene que ser uno, y si fuera el caso de que hay que colocar más, diremos que el *Principal* casi siempre irá cerca de donde esté *el de Cuchilla* (prácticamente en desuso), y ambos se recomiendan completamente próximos a la salida. Que debieran estar estos dos totalmente *junto a la salida del edificio*, donde podamos desconectar toda la instalación eléctrica cuando salgamos por causa de algún siniestro, como pudiera ser un sismo, incendio, inundación, entre otros.

Los *tableros secundarios* (uno o más) no son menos importantes en su colocación, y en los viejos tiempos insistíamos que debíamos colocarlos en el *centroide* de cada circuito al que fueran a servir.

Cuadro de cargas

Cuando cualquier otro trabajador (profesionista o no) que tenga que *leer nuestros planos*, encuentra una adecuada y completa información de nuestro *Cuadro de cargas*, sabrá que está tratando con un arquitecto que entiende de lo que está hablando y que por ello merece toda la confianza, respaldo y respeto.

En un *Cuadro de cargas* deberá haber la siguiente información:

1. Representación simbólica (lo más sencilla y entendible posible) de cada uno de los elementos usados.
2. Número de ellos.
3. Capacidad o potencia.
4. Calibres.
5. Subtotales en Watt.
6. Total *final* en Watt.
7. Número de circuitos y capacidad de amperaje.

La figura siguiente muestra una forma de representar el cuadro de cargas, al cual a veces se le anexa (como lo hizo el ingeniero Becerril en la obra citada)[22] el diagrama de conexiones, sin embargo, esto no es tan común en algunos proyectistas menos esmerados, y generalmente es suficiente con presentar dicho cuadro de cargas.

---

[22] Becerril, *Instalaciones eléctricas prácticas*, Plano 4, *op. cit.*

CUADRO DE CARGAS

(TABLERO QO-4, 1F—3H, 127.5 VOLTS.)

CIRCUITO Nº	☐ 100 W	⊗ 60 W	⊗ 75 W	⚡ 60 W	⚡ 60 W	▨ 100 W	⊕ 125 W	TOTAL WATTS	DIAGRAMA DE CONEXIONES NEUTRO
C — 1		4	4			1	2	890	
C — 2	3			2	1		5	1105	
C — 3	1	4			2		5	1085	
C — 4	2	6		2			6	1430	
TOTAL	6	14	4	4	3	1	18	4510	

CARGA TOTAL INSTALADA = 4510 WATTS
FACTOR DE DEMANDA = 0.6 o 60 %
DEMANDA MAXIMA APROXIMADA = 4510 x 0.6 = 2706 WATTS

CAJAS DE CONEXION UTILIZADAS = 79

NOTA. LA TUBERIA, AL NO ESPECIFICARSE ES DE 13 mm

Diagrama unifilar

Es una representación en exceso simplificada de nuestra instalación eléctrica con:

- Acometida
- Medidor
- Tablero principal
- Tableros secundarios (si los hay)
- Las características y número de los circuitos derivados (cantidad de hilos, calibres y amperaje)

Esta información, junto con la anterior, está en estrecha relación y obviamente no tiene que haber contradicciones entre ambos (*Cuadro de cargas* y *Diagrama unifilar*), por el contrario, tendrán que ser complementarios.

El *Diagrama unifilar* es una representación simbólica que en una lectura instantánea *informa* a todo el personal involucrado en la obra civil del modo en que hemos decidido nuestra instalación eléctrica, tal como se indica en la siguiente figura.[23]

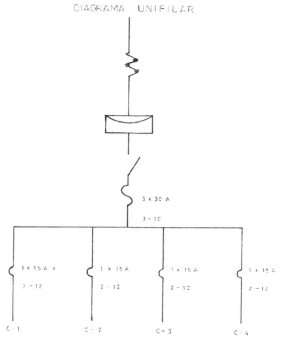

---

[23] Becerril, *Instalaciones eléctricas prácticas, op. cit.*

Cambiando de tema, entraremos a un campo que frecuentemente le resulta árido para quien ejerce la arquitectura, y es el de *los números*, o mejor dicho el del cálculo, y para ello empezaremos con algunos conceptos sencillos, pero no menos importantes y que se han perdido usualmente con el correr de los años.

Con todo y lo anterior suponemos que en este apartado es donde debe explicarse a detalle el desarrollo y la aplicación de *los cuatro* (algunos lo reducen a tres) *sistemas para el suministro de energía eléctrica* que pueden utilizarse en las edificaciones.

De cualquier forma y antes de empezar con dichos métodos, iniciaremos este tema con un concepto que se ha perdido desde hace mucho tiempo y que es nada menos que EL CIRCULAR MIL, un asunto que no por sencillo deja de ser esencial para la mejor comprensión del cálculo de las instalaciones eléctricas.

3.10 El circular mil

El valor del *circular mil* (CM) nos permite la construcción de tablas y se refiere a la milésima de una pulgada del área de un círculo (0.001"), se le dice *alambre* si el conductor es macizo y *cable* si se trata de varios hilos entorchados, en general los conductores del número 6 y más grandes *ya son cables*, en esencia tenemos entonces que:

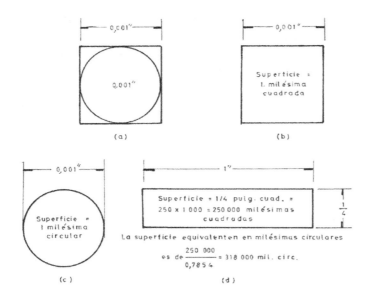

Diagrama basado en: Becerril, Onésimo (1997). *Instalaciones eléctricas prácticas*, México, DF, EDESA, 11ª edición, 2004.

Muchos constructores ignoran que casi todas las tablas en sus diversas presentaciones trabajan con mm² en relación con la milésima circular. Un resultado que en general se aproxima exponiendo que:

$$1 \text{ mm}^2 = 2000 \text{ CM}$$

Pero que en realidad a precisión (Becerril, *op. cit.*, 91-92) tendríamos que afirmar que:

$$1 \text{ mm}^2 = 1974.526242 \text{ CM}$$

Sin embargo, internacionalmente es aceptado suponer que $1 \text{ mm}^2 = 2000 \text{ CM}$, y en función de esto se han generando las tablas que prácticamente todo mundo utiliza en construcción e instalaciones.

Pero antes veamos una breve demostración de este valor, citando al mismo Becerril:[24]

EQUIVALENCIA EN EL CALIBRE EN AWG O MCM

Se dice que se tiene un CM (Circular Mil) cuando el área transversal tiene un diámetro de una milésima de pulgada.

$$1 \text{ CM} = \frac{\pi D^2}{4} = \frac{\pi (0.001)^2}{4} = 785 \times 10^{-9} \text{ Pulg.}^2$$

$1 \text{ CM} = 785 \times 10^{-9} \text{ Pulg.}^2$

$1 \text{ Pulg.}^2 = 1 \text{ CM} / 785 \times 10^{-9}$

$1 \text{ Pulg.}^2 = 1 \times 10^9 \text{ CM} / 785 = 1.27 \times 10^6 \text{ CM}$

$1 \text{ Pulg.}^2 = (25.4 \text{ mm})^2 = 645.16 \text{ mm}^2$

$1 \text{ mm}^2 = 1/645.16 \text{ Pulg.}^2 = 1 \text{ mm}^2 = 1.27 \times 10^6 \text{ CM} / 645.16$

$1 \text{ mm}^2 = 1970 \text{ CM}$

Debido al error admisible, para el cálculo de los conductores eléctricos se considera aproximadamente:

$1 \text{ mm}^2 = 2000 \text{ CM}$

$1 \text{ mm}^2 = 2000 \text{ Circular Mil}$

$1 \text{ mm}^2 = 2 \text{ Mil Circular Mills (2 MCM)}$

Conociendo el significado de AWG y la equivalencia entre mm^2 y CM (Becerril, 1997: 92).

Es necesario (como el mismo ingeniero Becerril lo indica) volver a aclarar que hay errores admisibles, es decir, que por ejemplo cuando surge el valor de 1.27×10^6 CM en realidad debió ser igual a 1273885.35 CM, o bien el ya citado 1.27388535×10^6 CM y, por lo tanto, el valor final de $1 \text{ mm}^2 = 1970$ CM simplemente no es exacto, ya que debió ser:

$$1 \text{ mm}^2 = 1974.526242 \text{ CM}$$

Pero como ya lo aclaró el mismo autor, este dato se utiliza común-

---

[24] Becerril, Onésimo (1997). *Instalaciones eléctricas prácticas*, México, DF, EDESA, 11ª edición, 2004.

mente y de forma internacional incluso como 2000 CM, es decir, aún más alejado del 1974.526242 CM.

Aunque también tenemos con un poco más de exactitud (por utilizar un método más corto y por ello *usar menos veces* los decimales inexactos) con el doctor Gilberto Enríquez Harper,[25] en otra forma de demostrar matemáticamente lo dicho:

1 Pulg. = 25.44 mm

$\dfrac{1 \text{ Pulg.}}{1000}$ = 0.0254 mm

Cuando nos dice que si el CM es un área, entonces:

1 CM = $\dfrac{\pi \, D^2}{4}$ = $\dfrac{\pi \, (0.00254)^2}{4}$ = 0.000506707 mm^2

Aunque Enríquez Harper lo presenta a la manera clásica:

1 CM = 5.06707 mm^2 x 10^{-4}

De donde podemos despejar:

1 mm^2 = $\dfrac{1 \text{ CM}}{5.06707 \text{ X } 10^{-4}}$

Recordemos que es común presentar los exponentes positivos, por lo que:

1 mm^2 = $\dfrac{1 \text{ CM X } 10^4}{5.06707}$ = 1973.525241 CM

Pero también se remite al valor internacional cuando se afirma que:

1 mm^2 = 2000 CM

3.11 Los cuatro sistemas de cálculo

Cualquier profesión u oficio que se dedique a la arquitectura o a la construcción, debiera tener no sólo las nociones de lo que significan *los cuatros sistemas*, sino además dilucidar a cabalidad qué es lo que implica cada uno de ellos, en qué situaciones específicas se aplican y por qué algunos de ellos no son útiles para todos los problemas que afrontemos. Analicemos cada uno:

[25] Enríquez Harper, Gilberto. (2002). *Manual práctico de instalaciones eléctricas*, México, Limusa, 3ª reimpresión , p. 43.

Circuito Monofásico o a dos hilos (un hilo de corriente y uno neutro = 1Φ – 2 H[26]).

Su máxima carga (monofásica) no debe ser mayor a 2500 Watt, se utiliza para circuitos derivados, es decir, servicios sencillos de alumbrado, contactos y aparatos pequeños.[27]

Apoyándonos en el mismo autor, indicaremos que la fórmula es la siguiente:[28]

$$W = En\ I\ Cos\Phi$$
$$I = \frac{W}{En\ Cos\Phi}$$

Circuito Bifásico o monofásico a tres hilos (dos hilos de corriente y uno neutro = 1Φ – 3 H). Y sus fórmulas correspondientes son:[29]

$$W = 2\ En\ I\ Cos\Phi$$
$$I = \frac{W}{2\ En\ Cos\Phi}$$

Empleados en dos circuitos, los que sumados no excedan los 4800 Watt, es decir de 2,400 cada uno.[30]

Circuito Trifásico a tres hilos (o *solo tres hilos de corriente* 3Φ – 3H).

Son para alta tensión, trifásicas (sin contar la carga total instalada), en redes de distribución primaria con tensiones de 13,200 o a 20,000 voltios entre fases, y líneas de transmisión a tensiones entre fases superiores a los 20,000 voltios.

Con las siguientes fórmulas:[31]

$$W = \sqrt{3\ Ef\ I\ Cos\Phi\ \eta}$$

$$I = \sqrt{\frac{W}{3\ Ef\ Cos\Phi\ \eta}}$$

Circuito Trifásico a cuatro hilos (tres de corriente y uno neutro = 3Φ – 4H).

• Cuando todas la cargas son monofásicas, siendo el total mayor a 8,000 Watt.

• Cuando hay cargas monofásicas y trifásicas, sin contar la carga total instalada.

---

[26] Becerril, *op. cit.* p. 123. Nos permitimos aclarar que no se recomienda utilizar un término tan común en este tipo de instalación, llamado *neutro*, ya que la mayoría de los especialistas coinciden en que es mejor decirle *hilo blanco* o bien *de retorno*.
[27] *Ibídem*, pp. 123-124.
[28] *Ibídem*, p. 126.
[29] Ibídem, p. 128.
[30] Ibídem, p. 124.
[31] Ibídem, p. 129.

- En redes de distribución secundaria con tensiones de 220 voltios.

Siendo sus fórmulas las que a continuación veremos:

$$W = 3\,En\,I\,Cos\Phi = \sqrt{3}\,Ef\,I\,Cos\Phi$$

$$I = \sqrt{\frac{W}{3\,En\,Cos\Phi}} = \sqrt{\frac{W}{3\,Ef\,Cos\Phi}}$$

Donde:[32]

W = Potencia en Watt, llamada *Carga Total* instalada en Watt.

En = Tensión o voltaje entre fase y neutro de 127.5 voltios.

CosΦ = Factor de potencia o *f. p.*: "en realidad representa el tanto por ciento que se aprovecha de la energía proporcionada por la empresa suministradora del servicio."

I = Corriente en amperes *por conductor*.

η= Eficiencia promedio en motores que nunca excede al 0,85%.[33]

Pero veamos lo que dicen otros autores al respecto.[34]

SISTEMAS MONOFÁSICOS

W = Vn I cos θ

$I = \dfrac{W}{V_n \cos \theta}$

La caída de voltaje por resistencia en el conductor (considerando su longitud total de ida y retorno), es:

E = 2 RI

La resistencia del conductor es:

$$e = (\varrho\,\frac{L}{5})\,I = 2(\frac{1}{50}\,\frac{L}{S})\,I = \frac{2LI}{50S} = \frac{LI}{25S}$$

Siendo la resistividad para el cobre en Ohms/m./mm.^{2}

(...)

$\varrho = \dfrac{1}{50}$ a 60°c de temperatura ambiente

De donde:

$$e = \frac{LI}{25S}$$

$$e\% = \frac{e100}{En} = \frac{LI}{25S}\,\frac{100}{En} = \frac{4LI}{SEn}$$

[32] *Ibídem*, p. 115.
[33] *Ibídem*, pp. 121-122. Aunque recomendamos la lectura muy detallada (sobre estos 4 conceptos) de los capítulos VII, VIII Y IX de este clásico autor.
[34] Enríquez Harper, O. *Op. cit.*, pp. 100-101.

Sistema trifásico a tres hilos (Alimentación en Delta):[35]

La potencia que consume la carga trifásica es:

$$w = \sqrt{3}\ Ef\ I\ \cos\varnothing\ N \quad \text{Siendo Cos } \varnothing = \text{Factor de potencia}$$

$$I = \frac{W}{\sqrt{3\ Ef\ \cos\varnothing\ N}}$$

La caída de voltaje entre fases es:

$$ef = \sqrt{3}\ RI$$

$(...)$

$$E_f = \sqrt{\frac{3}{50}\ \frac{LI}{S}}$$

El porciento de caída de voltaje es:

$$e\% = ef\frac{100}{Ef} = \frac{\sqrt{3}LI}{50S}\frac{100}{eF} = \frac{2\sqrt{3}LI}{S\ EF}$$

Sistema trifásico a cuatro hilos. (Alimentación en Estrella)
Este el caso típico de los sistemas conectados en estrella (3 hilos) con neutro (el cuarto hilo) y se representan como (sic) sigue:[36]

La potencia que consume la carga trifásica, es:

$$W = 3\ V_f\ \cos\theta = 3\ V_n\ I\ \cos\theta$$

$$I = \frac{W}{\sqrt{3\ V_f\ \cos\theta}} = \frac{W}{V_n\ I\ \cos\theta}$$

La caída de voltaje entre fases es:

$$V_f = \sqrt{3}\ RI = \sqrt{\frac{3}{50}\ \frac{LI}{S}}$$

---

[35] Onésimo Becerril *Op. cit.*,116-121.
[36] *Ibídem*, pp. 103-104.

Expresando esta caída de voltaje en porciento:[37]

$$E = RI = \frac{LI}{50\,S}$$

$$E\% = \frac{E}{V_n} \times 100 = \frac{LI}{50S \times V_n} \times 100$$

$$\boxed{E\% = \frac{2LI}{S\,V_n}}$$

Es importante aclarar que el método de este autor (en este tema específicamente) está relacionado con los diagramas y la descomposición de fuerzas, muy utilizado en el caso de los *diagramas de cuerpo libre* (Harper se refiere a *los diagramas vectoriales*), por ejemplo, para cuando explica los *análisis de la caída de voltaje en cables*, tema por demás apasionante cuando se habla de que no es recomendable que nuestros *suministros* queden tan distantes entre origen y destino, y que en todo caso se verifiquen precisamente las caídas de voltaje.

Ejercicio

Casi siempre la solución de un problema se facilita si sabemos exactamente qué es lo que queremos encontrar, así que iniciemos diciendo que vamos a calcular lo siguiente:

- La corriente.
- El calibre de los conductores (con aislamiento TW en este ejemplo)
- Y el diámetro de la tubería (comúnmente de pared delgada para este caso en concreto); aclararemos que no es lo mismo el diámetro de la tubería, donde se alojan los cables o alambres, que el calibre de éstos (los cables o alambres = conductores).
- Aunque esto pareciera estar de sobra, aclaramos que aquí (en la tubería) se llevarán los *alimentadores generales*.[38]

Para todo esto, son indispensables los siguientes datos: la carga total que es de 4,000 Watt, por lo que es un sistema monofásico de 127.50 voltios, el aislamiento es TW, quedando el orden así.

W = 4000 Watt

En = 127.50 voltios

Cos Φ = 0.85 (usualmente tiene una variación de 0.85 a 0.90, y que si no se indica lo contrario se utilizará el 0.85)

FU = FD: Factor de utilización = Factor de demanda: ninguna instalación eléctrica se usa en su totalidad de manera simultánea, por lo que habrá que aplicar un FU (o FD) que va desde 60% hasta 90% (0.60 -0.70). Elegiremos 70% (0.70).

Aplicando las fórmulas tradicionales tenemos que:

---

[37] *Ibídem*, 105-107.

[38] Y que por esa razón es importante subrayar que los calibres mínimos aceptables son del número 12.

$$I = \frac{W}{En \; Cos\Phi}$$

Sustituyendo:

$$I = \frac{4000}{127.50 \times 0.85}$$

I = 36.90 Amperes

Para encontrar la *Corriente Corregida* (Becerril le llama *Ic*) habrá que multiplicar por el FU, por lo tanto:

Ic = 36.90 Amperes X 0.70 = 25.83 Amperes

Buscamos en la tabla 3 en la 2ª columna (con encabezado TW) y encontramos que son del *Calibre 10* (en el que se encuentra con el límite de 30 Amperes).

Luego en la tabla 5 vemos (la columna con encabezado 2) que 2 alambres del número 10 ocupan un Área de 27.98 mm².

Por último en la tabla 4, 3ª columna (el encabezado dice: PARED DELGADA) constatamos que tomando en cuenta el Factor de Relleno del 40% dos conductores del calibre número 10 necesitan un Diámetro de ½" (13 mm).

Ejercicio

Veremos tres ejemplos más correspondientes a los cuatros sistemas, sin querer con esto afirmar que es todo lo que hay que explicar al respecto, ya que como hemos visto líneas atrás, el doctor Enríquez Harper aborda de otra forma este enfoque. Trataremos ahora el *Sistema Bifásico*.

La carga total es de 7,900 Watt, sumándose únicamente cargas monofásicas, por lo que de nueva cuenta el valor **En** = 127.50 y el aislamiento es THW.

W = 7900 Watt
En = 127.50 voltios
Cos Φ = 0.85
FU = FD: 0.70

Si la carga es mayor de 4,000 Watt, pero menor a 8,000, se elige el *Sistema Monofásico* a tres hilos (mejor conocido como *bifásico*). Por lo que recordaremos su expresión matemática:

$$I = \frac{W}{2 \; En \; Cos\Phi}$$

Sustituyendo tenemos que:

$$I = \frac{7900}{2 \times 127.50 \times 0.85} =$$

I = 36.44 Amperes

Ic = 36.44 Amperes X 0.70 = 25.51 Amperes

Continuando con el mismo procedimiento (donde por cierto tratamos de seguir el estilo del autor Becerril), nos indica que busquemos en la tabla 3 en la 3ª columna (con encabezado THW), encontrando que son del: Calibre número 12 (también su límite es de 30 Amperes)

Luego en la tabla 5 vemos (la columna con encabezado 2) que 2 alambres del número 12 tienen un área de 21.28 mm².

Pero el que *juega el papel de neutro* deberá ser del área inmediata superior[39] (es decir del número 10), quedando con un área de 13.99 mm².

 Por lo tanto ambos valores suman 35.27 mm².

Por último, en la tabla 4, 3ª columna (el encabezado dice: PARED DELGADA) constatamos que tomando en cuenta el Factor de Relleno del 40%, dos conductores del calibre número 12 y uno del 10, necesitan un Diámetro de ½" (13 mm).

Si continuamos con el enfoque del ingeniero Becerril, veremos entonces el *Sistema Trifásico*, con las siguientes cuestiones.

Ejercicio
Ahora los alimentadores generales son por corriente, su carga total instalada es de 8,600 Watt sumando sólo cargas trifásicas con aislamiento tipo TW y la eficiencia η se considera con un valor promedio de 0.80.

W = 8600 Watts
Ef = 220 voltios
Cos Φ = 0.85
FU =FD = 0.80
η = 0.80

El *Sistema Trifásico* sólo se utiliza *si todas las cargas son trifásicas,* por lo que habrá que usar la fórmula ya expresada.

$$I = \frac{W}{\sqrt{3}\ Ef\ Cos\Phi\ \eta}$$

Sustituyendo tenemos que:

$$I = \frac{8600}{\sqrt{3} \times 220 \times 0.85 \times 0.80} =$$

$$I = 33.18\ Amperes$$

Buscando su *Corriente Corregida* (Ic), la cual recordemos que es equivalente a la FU o FD, entonces:

Ic = 33.18 Amperes x 0.80 = 26.55 Watts

---

[39] No olvidemos que esta decisión siempre se llevará a cabo así en este sistema.

Consultando en la tabla 3, 2ª columna (encabezado TW), veremos que necesitamos Calibre del número 10, que puede conducir hasta 30 amperes.

Luego en la tabla 5 vemos (la columna con encabezado 3) que 3 alambres del número 10 tienen un área de 41.97 mm².

Por último, en la tabla 4 encontramos que se necesita una tubería con Diámetro de ½" (13 mm).

Aun cuando fuera de PARED GRUESA podría soportar incluso hasta 96 mm², ya que como podemos apreciar, la de PARED DELGADA (que fue la que utilizamos) *soporta* 78 mm².

Un último ejercicio al respecto tendría que ser entonces el del *Sistema Trifásico a cuatro hilos*.

Ejercicio
La carga total instalada es de 31,000 Watt, sólo se suman cargas monofásicas y el tipo de aislamiento es de TW.

W = 31 000 Watt
En = 127. 5 voltios (no confundir con Ef = 220 voltios)
Cos Φ = 0.85
FU =FD = 0.80

Recordemos la expresión ya analizada para un *Sistema Trifásico a cuatros hilos*.

$$I = \frac{W}{\sqrt{3}\ Ef\ Cos\Phi} =$$

$$I = \frac{31\ 000}{\sqrt{3} \times 220 \times 0.85\ Cos\Phi} =$$

$$I = 95.71\ Amperes$$

Buscando su Ic tenemos que:

IC = 95.71 Amperes X 0.70 = 66. 99 Amperes

Consultando en la tabla 3, 2ª columna (encabezado TW), veremos que necesitamos Calibre del número 4, que puede conducir hasta 70 amperes.

Antes de continuar veremos que en un sistema como este los únicos conductores de corriente son precisamente *los tres de fase*, por tratarse de un sistema *balanceado*, por lo que el valor que acabamos de obtener se recomienda únicamente para estos tres precisamente, y el tercero (*neutro*) puede ser del valor inmediato inferior.[40] Por lo tanto tenemos:

---

[40] Recordemos que en el *Sistema Bifásico* se hizo exactamente lo contrario. Y que aquí siempre se llevará a cabo así: el *neutro* será del diámetro inmediato inferior.

3 hilos de fase o corriente del número 4

1 hilo neutro del número 6

Entonces vemos que en la tabla 5 (la columna con encabezado 3) que 3 alambres del número 4 tienen un área de 196.83 mm².

En la misma tabla 5 verificamos que un hilo del número 6 tiene un área de 49.26 mm².

Por lo que al sumar los dos valores encontramos que nuestro total es de 196.83 mm² + 49.26 mm² = 246.09 mm².

Por último, en la tabla 4 encontramos que se necesita una tubería con:

a) Diámetro de 1 ¼" (32 mm) (para PARED DELGADA que resiste hasta 390 mm²).

b) Diámetro de 1" (25 mm) (para PARED GRUESA que soporta hasta 250 mm²).

> **Sugerencia**: estos cuatro ejercicios los hemos retomado del autor Becerril y su imprescindible libro *Instalaciones eléctricas prácticas*, México, DF, EDESA, 11ª edición, 2004, del cual sugerimos su amplia lectura, además de los libros o manuales recomendados.
>
> Por ejemplo, se puede ver más a detalle el asunto referente al cálculo por corriente, o bien al análisis *por caída de tensión*. Es más, creemos oportuno comentarle al lector que es común encontrar constructores que suponen que sólo existe un tipo (o tamaño) de caja para recibir las lámparas y que no es necesario saber algo más al respecto.

Presentamos una tabla de Harper que nos indica que de acuerdo al calibre de los hilos (y por ello al diámetro de los conductores) hay cajas específicas para cada tipo de servicio que se requiera, ya sean cuadradas u octagonales, pero además dicha tabla también nos dice de los tamaños de las comúnmente llamadas *chalupas*.

NUMERO MAXIMO DE CONDUCTORES EN CAJAS DE CONEXION

DIMENSIONES DE LAS CAJAS	VOLUMEN (pulg.³)	MAXIMO NUMERO DE CONDUCTORES			
		No.14	No. 12	No. 10	No. 8
3 1/4 x 1 1/2 Octagonal	10.9	5	4	4	3
3 1/2 x 1 1/2 "	11.9	5	5	4	3
4 x 1 1/2 "	17.1	8	7	6	5
4 x 2 1/8 "	23.6	11	10	9	7
4 x 1 1/2 Cuadrada	22.6	11	10	9	7
4 x 2 1/8 "	31.9	15	14	12	10
411/16x 1 1/2 Cuadrada........	32.2	16	14	12	10
411/16x 2 1/8 "	46.4	23	20	18	15
3 x 2 x 1 1/2 Dispositivo.......	7.9	3	3	3	2
3 x 2 x 2 "	10.7	5	4	4	3
3 x 2 x 2 1/4 "	11.3	5	5	4	3
3 x 2 x 2 1/2 "	13	6	5	5	4
3 x 2 x 2 3/4 "	14.6	7	6	5	4
3 x 2 x 3 1/2 "	18.3	9	8	7	6
4 x 2 1/8 x 1 1/2 "	11.1	5	4	4	3
4 x 2 1/8 x 1 7/8 "	13.9	6	6	5	4
4 x 2 1/8 x 2 1/8 "	15.6	7	6	6	5

Tomada de: Enríquez Harper, Gilberto, página 64 (2002). *Manual práctico de instalaciones eléctricas*, México, Limusa, 3ª reimpresión.

3.12 Especificaciones y lista de materiales

Trataremos de aprovechar este espacio para señalar un tema por demás necesario, no sólo para el constructor, llámese arquitecto, ingeniero civil, ingeniero eléctrico, maestro electricista, etc., sino para el mismo usuario común y corriente de cualquier edificio, ya sea de vivienda, salud, educación, comercio: los muy frecuentes y no menos lamentables *accidentes eléctricos*.

Accidentes eléctricos[41]
Es muy alta su incidencia como para que continuemos con la típica actitud de negligencia en la larga cadena de los responsables de obra, es decir, desde el director de obra hasta el más modesto de los trabajadores de la construcción. Es obligación, además de los mencionados, también de las autoridades que se informe y se cuide a toda la ciudadanía en estos dos aspectos. Empecemos con unas pocas recomendaciones urbanísticas en otras más:
* Darle mantenimiento adecuado a las líneas.
* Cuidar que éstas no se encuentren demasiado cerca de los edificios (la norma internacional marca 500 m, tomando como eje la parte central de la ruta de *alta tensión* hasta la construcción más cercana).[42]

Existe una alta probabilidad de lesiones por accidentes eléctricos, no sólo en el hogar, sino en cualquier otro lugar de trabajo. Cualquier aparato eléctrico que entre en contacto con el cuerpo debiese tener una descarga a tierra y estar enchufado a circuitos que tengan equipos de protección: "Los interruptores diferenciales que cortan el circuito cuando se pierde una cantidad de corriente tan baja como 5 miliamperios constituyen unos dispositivos de seguridad de fácil adquisición".[43]

Es de suma importancia evitar las descargas de los rayos cuando haya tormentas, deberemos alejarnos de los espacios abiertos como los campos de futbol o de golf, habrá que buscar refugio, aunque nunca bajo un árbol aislado o una construcción con techo metálico (ambos atraen los rayos), también se recomienda salir de las piscinas, los estanques o los lagos, por ejemplo, permanecer en el interior de un automóvil resulta más seguro de lo que la mayoría de las personas suponen.[44]

En Oregon, los accidentes eléctricos que involucran árboles ocasionan anualmente varias lesiones a personas y cuantiosos daños a la propiedad. Niños que juegan cerca de los árboles y líneas de alta tensión son muy vulnerables. Como resultado, las compañías eléctricas de Oregon gastan sumas considerables de dinero para podar y cortar

---

[41] A todas las referencias tomadas de Internet, las hemos modificado de manera ligera, sobre todo en el aspecto del estilo, para que no se pierda el formato de este trabajo, sin embargo, se ha respetado fehacientemente el mensaje y la esencia que nos han querido transmitir estas investigaciones.
[42] Véase en: http://www.abrahamwatkins.com/CM/Espanol/Electrocucion.asp 09/nov./2007.
[43] Véase en: http://www.msd.com.mx/publicaciones/mmerck_hogar/seccion_24/seccion_24_278.html noviembre 01 de 2007.
[44] *Ibídem.*

árboles localizados cerca de líneas de alta tensión. La poda de árboles cerca de cables de electricidad debe ser efectuada por empleados de compañías o municipios que tienen el equipo y el entrenamiento adecuado.

Antes de excavar en algún lugar, investigue el uso del suelo o llas posibles tuberías que lo atraviesen.

No encienda fósforos o haga chispas cerca de un lugar donde usted huele a gas natural.

No se suba o juegue cerca de árboles que están cerca de líneas de alto voltaje.

No vuele cometas o juegue cerca líneas de alto voltaje.

No use escaleras de metal, tubos, cables o antenas cerca de líneas de alto voltaje.

No toque o se acerque a líneas de alto voltaje que hayan caído al suelo.

No se suba en las torres de transmisión de alto voltaje o postes de cableado eléctrico.

No juegue cerca de subestaciones de alto voltaje o del equipo eléctrico. [45]

Cuando se realizan trabajos de electricidad, ya sea en forma casera, profesional e incluso mecánica automotriz, es muy importante que toda clase de joyería sea retirada de nuestro cuerpo, ya que dichas joyas están compuestas de metales de mucha mayor capacidad de conducción de corriente y al contacto con un corto se calientan, e incluso se pueden fundir causando graves quemaduras en el cuerpo.[46]

En las siguientes figuras (basadas en Gay, Charles Merrick, *et. al.*, 1982. *Instalaciones en los edificios*, Barcelona, Gustavo Gili, pp. 401-402), tratamos de ilustrar, con un poco de humor, dos maneras de accidentes con instalaciones eléctricas.

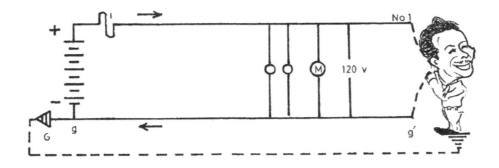

---

[45] Véase en: http://www.oregon.gov/PUC/spanish/safety_sp.shtml noviembre 01 de 2007 (Una ley que de ningún modo se sigue indignamente en la mayoría de nuestros países latinoamericanos).
[46] Véase en: http://www.raulybarra.com/notijoya/archivosnotijoya5/5seguridad_electricidad.htm 09/nov/2007.

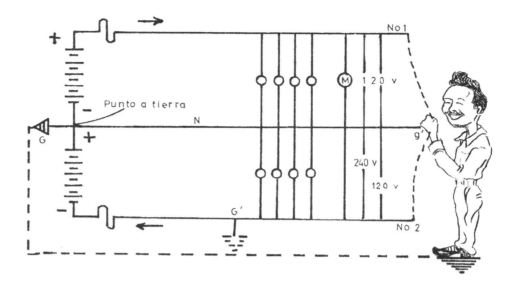

Sin embargo, es de suma necesidad recordar a los clásicos en este aspecto, como los trabajos tradicionales de *Creative Homeowner Press™*, referenciados aquí en varias ocasiones, o bien otros que se considere pertinentes.

La seguridad es primero[47]

Se insiste en la invitación de que nunca olvidemos que ninguna recomendación está de sobra, cuando de la instalación eléctrica se trata, y que ningún consejo por muy esmerado que sea sustituye al sentido común.

Nos permitiremos transcribir casi íntegramente tan indispensables sugerencias, para los técnicos como para los arquitectos (o cualquier otro profesionista relacionado) que deban supervisar *a conciencia* este tipo de instalación.

- *Siempre* corte la corriente en el tablero principal de servicio antes de empezar a trabajar en la instalación eléctrica.
- *Siempre* cerciórese de que la instalación eléctrica sea segura, que no haya circuitos sobrecargados y que las herramientas eléctricas y los contactos estén conectados correctamente a tierra. No use herramientas eléctricas en lugares húmedos.
- *Siempre* utilice herramientas que tengan los mangos y las agarraderas aisladas. No utilice escaleras metálicas cuando haga trabajos de electricidad.
- *Siempre* lea las instrucciones de uso de los fabricantes de herramienta, particularmente las advertencias.
- *Siempre* use agarraderas o empujadores en sierras de mesa o cepillo de banco si las piezas de trabajo son de menos de 7.5 cm (3″). Siempre que pueda, evite el uso de piezas pequeñas.
- *Siempre* quite la llave de ajuste de brocas del mandril del taladro (portátil o de banco) antes de empezar a barrenar.

---

[47] *Creative Homeowner Press ™. Guía rápida de instalaciones eléctricas*, Editorial Limusa, México, DF, 2005, p. 4.

- *Siempre* esté enterado de las limitaciones de su herramienta. No trate de forzarlas a hacer algo para lo que no fueron diseñadas.

- *Siempre* debe asegurarse de que todas las piezas de la herramienta estén fijas antes de proceder. Por ejemplo, verifique que la guía de cortes en la sierra de banco o el ajuste a escuadra de la sierra portátil estén bien apretados antes de empezar a trabajar.

- *Siempre* sujete las piezas pequeñas al banco u otras superficies de trabajo cuando vaya a aserrar o taladrar.

- *Siempre* use los guantes apropiados, de caucho o de trabajo, cuando se manejen sustancias químicas, materiales de construcción pesados, o cuando vaya a lijar.

[…]

- *Siempre* use anteojos protectores, en especial cuando trabaje con herramientas eléctricas, o cuando golpee metal sobre metal o concreto; ello evitará que alguna astilla lesione sus ojos, por ejemplo, al cincelar concreto.

- *Siempre* tenga en cuenta que es insuficiente el tiempo de de los reflejos de su cuerpo para ponerle a salvo de los daños causados por una herramienta eléctrica en una situación peligrosa. Las cosas ocurren con demasiada rapidez. ¡Hay que estar alerta!

- *Siempre* tenga las manos lejos de los extremos de trabajo de cuchillas, cortadores y brocas.

- *Siempre* sujete la sierra circular con ambas manos de modo que las mantenga siempre a la vista.

- *Siempre* utilice el taladro con una manija auxiliar para controlar la torsión cuando use brocas grandes.

- *Siempre* debe consultar los reglamentos locales para construcción cuando planee obras nuevas. El objetivo de los reglamentos es proteger y proporcionar seguridad pública, por lo que se deben observar al pie de la letra.

- *Nunca* use herramientas eléctricas cuando se encuentre cansado o bajo los efectos de alcohol o fármacos.

- *Nunca* corte pedazos muy pequeños de madera o tubo. Siempre que sea posible corte las piezas chicas de las grandes.

- *Nunca* cambie una cuchilla o broca a menos que esté desconectado el cable de alimentación. No basta con que el interruptor esté apagado; usted podría activarlo accidentalmente.

- *Nunca* trabaje con luz insuficiente.

- *Nunca* trabaje con ropa floja, cabello largo, puños desabrochados, o piezas de joyería.

- *Nunca* trabaje con herramientas sin filo o aprenda a afilarlas usted mismo.

- *Nunca* use una herramienta eléctrica para trabajar una pieza que no esté firmemente apoyada o sujeta.

- *Nunca* asierre una pieza de trabajo que cubra una distancia larga entre los apoyos sin estar bien sujeta a ambos lados de la ranura; la pieza podría doblarse, lo que cerraría la ranura, atascaría la cuchilla y provocaría la reculada de la sierra.

- *Nunca* sujete una pieza de trabajo con sus piernas u otra parte de su cuerpo cuando asierre.

- *Nunca* lleve herramientas afiladas o puntiagudas, como cuchillos, leznas o formones en su bolsillo. Si desea portar, use un cinturón de cuero especial, con bolsas y portaherramientas.

Si retomamos a otro prominente especialista que fue autor obligado de antiguas generaciones (John E. Traister), donde se trataba con mayor respeto a los quehaceres de la instalación eléctrica, veremos lo que toca a otras breves recomendaciones acerca de la seguridad:

1. La sobrecarga del circuito es la causa más importante de problemas en los sistemas eléctricos domésticos. La sobrecarga es peligrosa porque no sólo causa fallas, sino que puede iniciar un incendio, si no se tienen fusibles apropiados.

2. Nunca trabaje en un circuito eléctrico cuando esté con energía, o "caliente"; desconecte siempre la corriente y revise con un probador de voltaje para cerciorarse que desconectó el circuito correcto.

3. Evite trabajar en lugares muy pequeños donde, si recibiera un choque eléctrico, no podría alejarse de la fuente del choque inmediatamente.

4. Nunca tome un alambre eléctrico, aunque esté seguro de que no tiene voltaje, sin probar primero ligeramente con su mano, manteniendo la otra en su bolsillo. Esto puede parecerle ridículo, peros así se obtiene mayor seguridad para prevenir choques peligrosos.

5. Nunca ponga a un circuito eléctrico fusible de capacidad superior a la que tiene el alambre para llevar corriente.

6. Las conexiones eléctricas deben ser seguras, para que no se zafen con las vibraciones o el uso normal.

7. Tome su tiempo. La prisa reduce el cuidado y provoca accidentes.

8. Cuando trabaje en pisos de concreto, en exteriores o áreas similares, donde su cuerpo hace tierra, use una tabla de madera para pararse, o zapatos con suela de hule.[48]

Aunque también suponemos *que es obligación* el hecho de recordar la información de una reconocida empresa internacional, nos referimos a Black & Decker:

La electricidad y la seguridad:
• Corte la energía del circuito exacto.
• Haga un plano de los circuitos eléctricos.
• Cierre la tapa del tablero de servicio y coloque un aviso para evitar que otras puedan activar el circuito en que en que usted se encuentra trabajando.
• Tenga una lámpara de mano cerca del tablero de servicio, probando sus baterías de manera regular.
• Compruebe si hay energía en el aparato o contacto en que vaya a trabajar, antes de iniciar sus tareas.
• Use solamente partes y dispositivos eléctricos que hayan sido aprobados por los UL en sus pruebas de seguridad.
• Use zapatos con suela de goma… si el suelo está húmedo, párese sobre una alfombra de hule o una tabla seca.
• Utilice escaleras de fibra de vidrio o de madera…
• Use contactos GFCI (a prueba de fallas en la toma de tierra) en los casos en que lo determinen así los códigos locales sobre electricidad.

[48] Traister, John E. *Instalaciones y reparaciones eléctricas prácticas*, México, Editores Mexicanos Unidos, 1984, pp. 16-17.

• Proteja a los niños usando tapas sobre los contactos, o contactos con tapa a prueba de niños…

[...]

• Use los fusibles o disyuntores correctos en el tablero de servicio (pp. 28 a 29). No instale nunca un fusible o disyuntor con amperaje superior al que corresponde a los alambres del circuito.

• Mientras trabaja en reparaciones eléctricas no toque los tubos metálicos, las llaves o cualquier otro aparato. El metal puede establecer un camino hacia tierra, haciendo que circule la electricidad por su cuerpo.

• Nunca altere las patas de una clavija para que entre en un contacto…

• No taladre paredes o techos sin cerrar previamente el paso de la corriente a los circuitos que puedan estar ocultos. Utilice herramientas con doble aislamiento".[49]

Continuemos con esta temática, ahora de la mano de otro autor ndispensable en las actividades de instalación, Luis Lesur:

1. Lo más importante es nunca probar si hay corriente con la mano. Si se llegara a tocar una punta de un cable con una mano y otra punta con otra mano, se corre el riesgo de que la corriente pase a través del corazón y entonces no hay salvación posible.

2. Se sabe de personas que han recibido descargas de alta tensión y han sobrevivido, pero no se sabe de ninguna que haya tomado corriente con las dos manos y se haya salvado.

3. En las instalaciones de casas, afortunadamente, no se trabaja con alta tensión, sino solamente con baja tensión, pero no deberá pensarse que 110 voltios son inofensivos.

4. Debemos trabajar seguros y confiados de que no hay peligros. Para ello hay dos caminos muy importantes: Uno es aislarse uno mismo de la corriente y, otro, es tomar precauciones al trabajar.[50]

---

[49] Naves Ruiz, Juan (*Black & Decker*). *Instalaciones Eléctricas Básicas (Mantenimiento y Reparación)*, México, Limusa, 1994, pp. 8-9. Cada una de las sangrías acompaña a una explícita fotografía a colores, las cuales han sido suprimidas por el autor de este trabajo. Invitamos a todo profesionista a revisar cuando menos la bibliografía aquí recomendada, y en especial esta parte de Black & Decker.

[50] Lesur, Luis. *Manual de instalaciones eléctricas: una guía paso a paso*, México, Trillas, 1992, p. 142. La secuencia numérica es del autor de esta obra, ya que originalmente son comentarios que acompañan a fotografías; además de que hay más recomendaciones que no se han transcrito porque ya fueron abordadas en los puntos anteriores.

Conclusiones

Todo lo aquí expuesto sólo es una pequeña parte de las obligaciones que un arquitecto responsable y con disciplina debiera tener al ejecutar la obra civil; mucho de lo platicado en estas líneas corresponde al quehacer cotidiano del diseñador, supervisor y constructor, que como tal, tiene que estar alerta y por ello actualizado, no sólo de lo que hay de novedoso en el mercado, sino además de lo que ha caído en desuso. Resulta contraproducente, además de lastimoso, encontrarnos con profesionistas, incluso ya no tan jóvenes, que nos hablan de productos que hace buen rato desaparecieron del mercado; todo ello, por obvias razones, además de riesgoso nos pone en desventaja ante nuestros potenciales clientes y posibles colegas, no sólo del resto del gremio sino además de otras profesiones afines al mercado que seguramente también estarán procurando ofrecer un mejor producto profesional en el medio.

Seguramente habrá otras partes más de nuestra profesión que haya que cuidar, hemos querido dejar claro lo que habrá que hacer en estos tres tipos de instalaciones, pero la ARQUITECTURA no nada más es esto, se trata de no descuidar las otras variables necesarias en la ejecución de la obra civil, por lo que invitamos al amable lector a disfrutar y a ejercer con honor esta maravillosa actividad.

Anexo

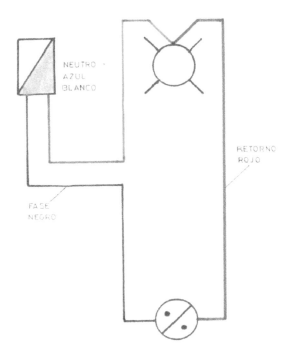

Este es el Caso 1 lámpara - apagador sencillo.

Recordemos que solo los Retornos y los Puentes son del # 14, todo lo demás (Fase, Neutro y Tierra Física) es en # 12, salvo que el cálculo indique que haya que utilizar calibres mayores.

Y aquí abajo simulamos cómo se vería físicamente el recorrido, para cuantificar el número de cables entre cada una de las "salidas" (lámparas, contactos, apagadores, etc).

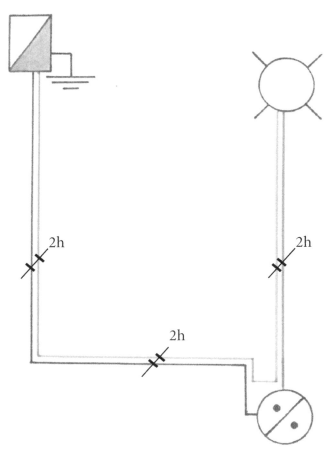

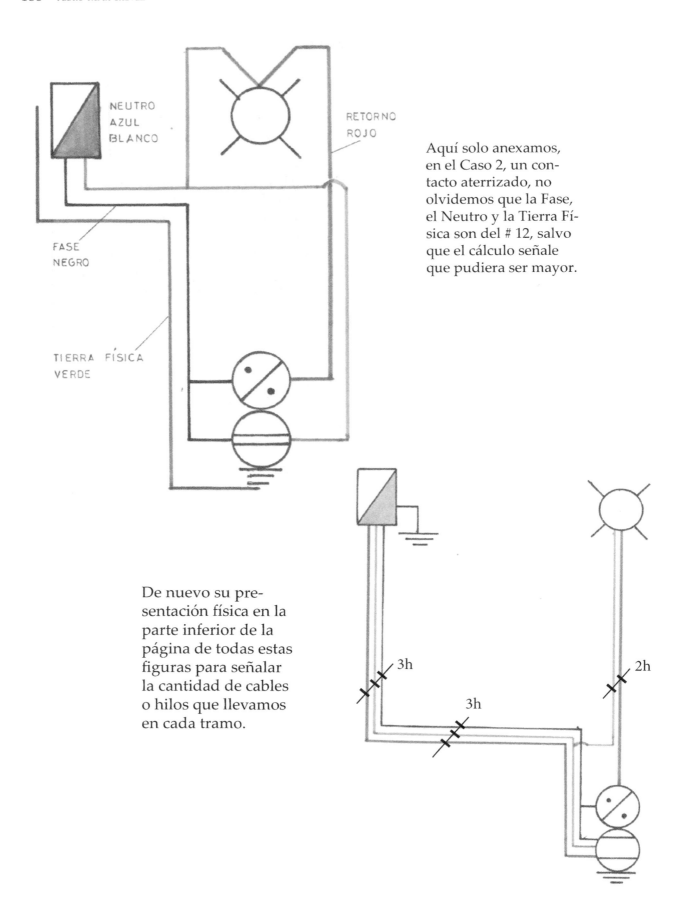

NEUTRO
AZUL
BLANCO

RETORNO
ROJO

FASE
NEGRO

TIERRA FÍSICA
VERDE

Aquí solo anexamos, en el Caso 2, un contacto aterrizado, no olvidemos que la Fase, el Neutro y la Tierra Física son del # 12, salvo que el cálculo señale que pudiera ser mayor.

De nuevo su presentación física en la parte inferior de la página de todas estas figuras para señalar la cantidad de cables o hilos que llevamos en cada tramo.

3h

3h

2h

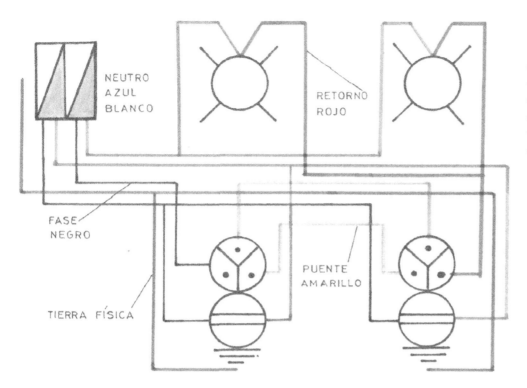

Este es el sistema más recomendable, el del Caso 3, ya que es un tres vías (o "de escalera") con circuitos separados, es una obligación legal en todo el mundo.

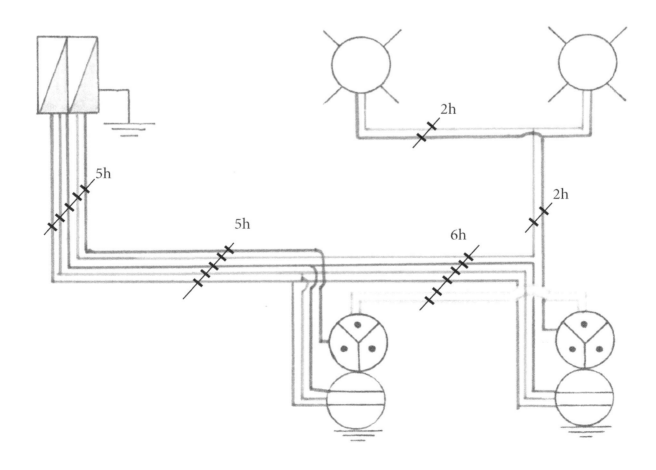

En México, general-
mente, en este Caso
4, los constructo-
res suponen que
por ser un "Tres
Vías" convencio-
nal o legal, estaría
bien, pero no es así,
porque se trata de
un solo circuito y,
no olvidemos, que
la ley ordena sepa-
rarlos.

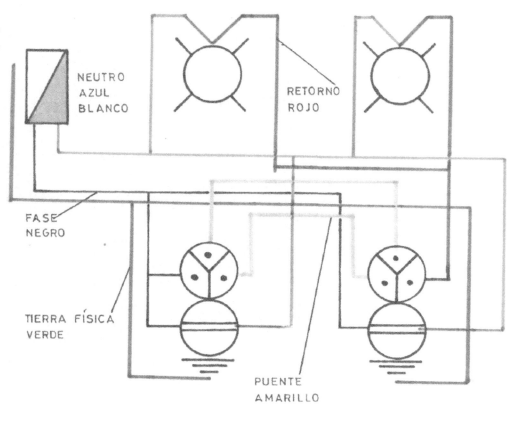

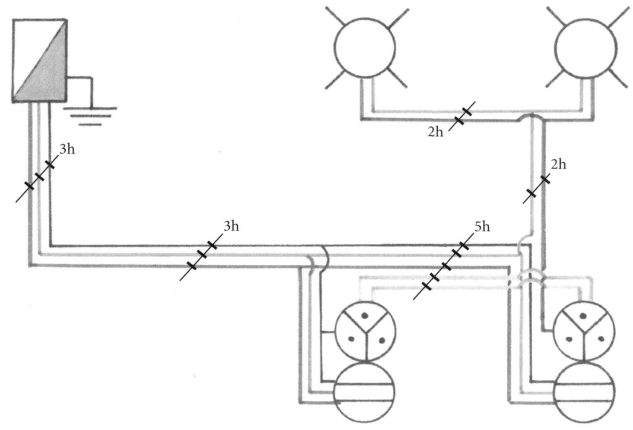

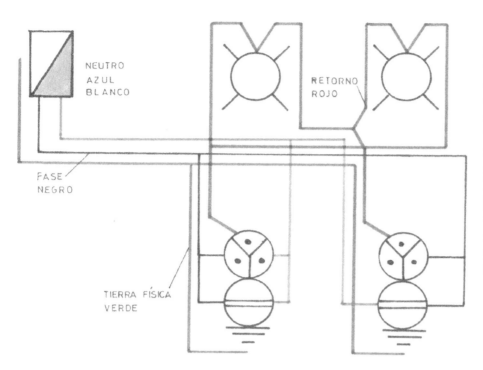

NEUTRO
AZUL
BLANCO

RETORNO
ROJO

FASE
NEGRO

TIERRA FÍSICA
VERDE

Este es un Tres Vías "en Corto Circuito", el Caso 5, y está prohibido en cualquier parte del mundo, sin embargo es una reprobable costumbre entre nuestros constructores, ya que por usar menos cables se hace fácil y rápido, sin embargo, es un peligro ya que la Fase y el Neutro están muy juntos y en cada apagado o encendido se lanzan chispazos que pueden muy fácilmente ocasionar un incendio.

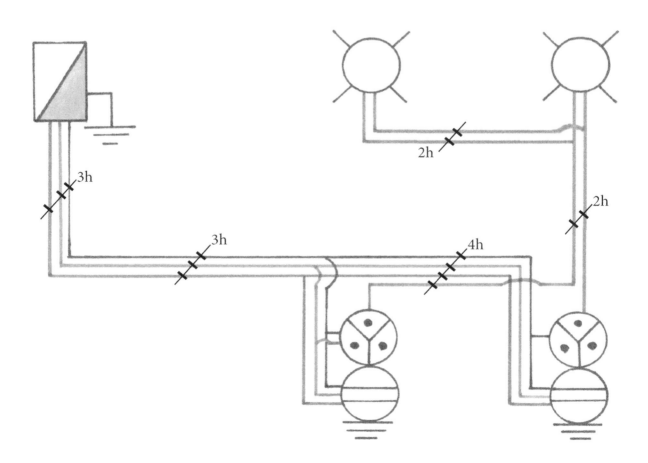

En este último, el Caso 6, de "CuatroVías" en un solo circuito, se trata de explicar al amable lector que una propuesta de "Tres Vías" en medio de otro mismo de "Tres Vías" NO FUNCIONARÍA, por lo que es obligatorio usar el de "Cuatro Vías" entre los ya mencionados de "Tres Vías", para que todo funcione correctamente, tal como se aprecia en la imagen.

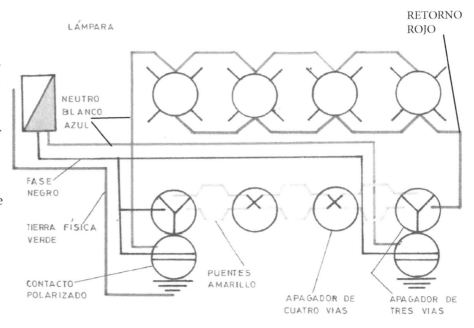

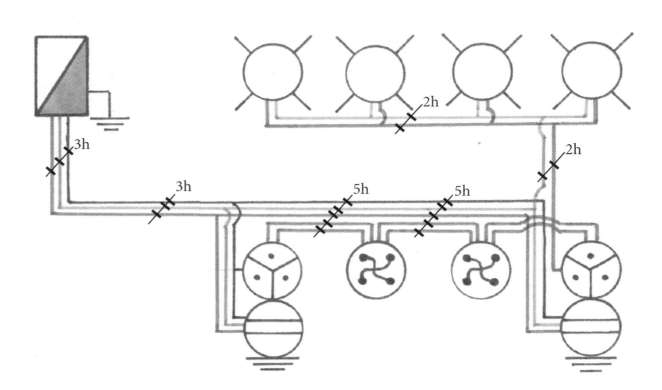

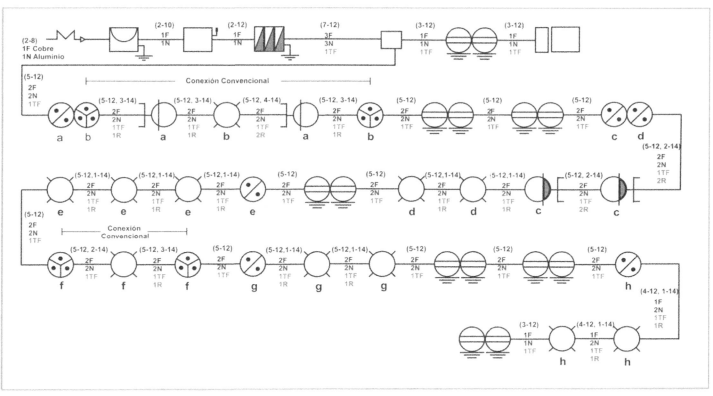

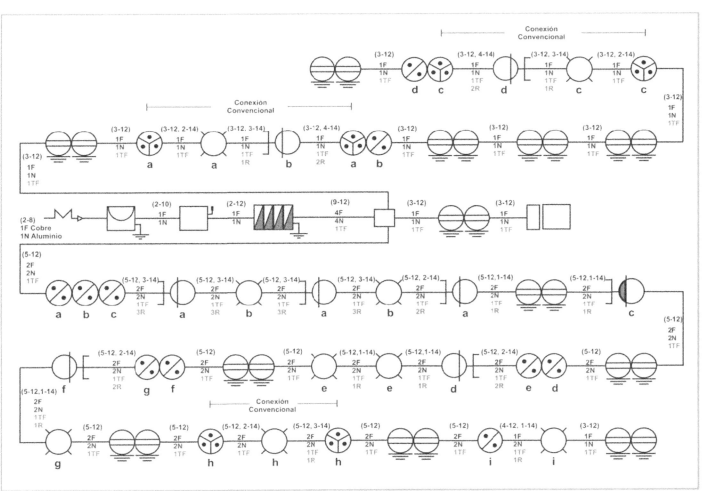

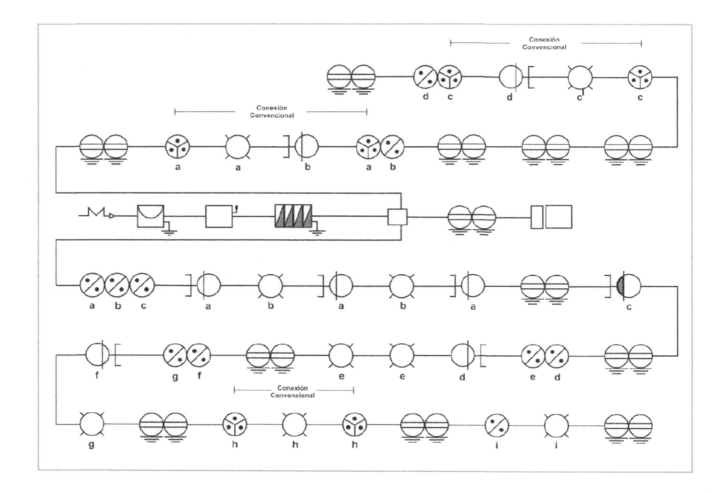

Simbología:

Adentro del paréntesis se indica la cantidad y el calibre de los cables y/o alambres, presentando jerárquicamente, primero la Fase, luego el Neutro y después la Tierra Física que, generalmente van en #12. Y a la derecha de ese mismo paréntesis, se ubican los retornos y los puentes, casi siempre en #14.

1F = Una Fase Negro
1N = Un Neutro Azul en dibujo, Blanco en obra
1TF = Una Tierra Física Verde
1R = Un Retorno Rojo
1P = Un Puente Amarillo

No olvidemos que este código de colores es el tradicional para México, ésto no impide que ocasionalmente podamos hacer algunos ajustes, principalmente para la Fase, que a veces es azul, roja o hasta café.

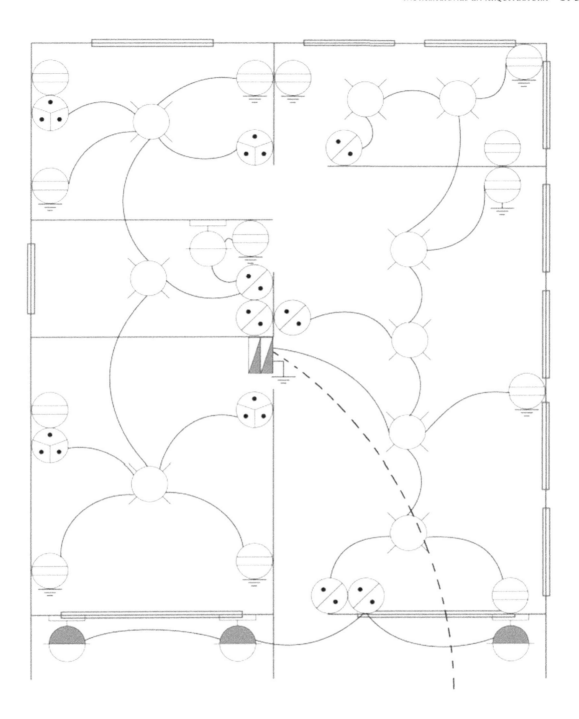

BIBLIOGRAFÍA

AROCHA, TOMÁS (1967). *Normas de diseño y construcción: civiles, mecánicas y eléctricas*, México DF, Fernández Editores.

BARBARÁ, FERNANDO (1979). *Materiales y procedimientos de construcción*, México, DF, Herrero Tomos I y II.

BECERRIL, ONÉSIMO (1997). *Instalaciones eléctricas prácticas*, México, DF, 11ª edición, EDESA 2004.

— (2005). *Manual de Instalaciones Eléctricas*, México, Editorial Época.

ENRÍQUEZ HARPER, GILBERTO (2001). *El ABC de las instalaciones eléctricas residenciales*, México, Limusa, 18ª reimpresión.

— (2009). *El ABC de las instalaciones eléctricas en baja tensión*, México, Limusa, 2ª reimpresión.

— (1998). *Guía Práctica para el Cálculo de Instalaciones Eléctricas*, México, Limusa.

— (2002). *Manual práctico de instalaciones eléctricas*, México, Limusa, 3ª reimpresión.

— (2011). *Manual de instalaciones eléctricas residenciales e industriales*, México, Limusa,

ESCOFFIÉ MARTÍNEZ, HUGO IVÁN (2005). *Guía rápida: Instalaciones Eléctricas*, México, Limusa.

FLORES, CONRADO (1986). *Memo 7: cálculo diferencial*, México, DF, Trillas.

FOLEY, JOSEPH H. (1983). *Fundamentos de las Instalaciones Eléctricas*, México, Mc Graw-Hill.

GACETA OFICIAL (1995). *Normas técnicas complementarias*, México, DF, Berbera Editores.

GAY, CHARLES MERRICK, *et. al.* (1982). *Instalaciones en los edificios*, Barcelona, Gustavo Gili.

LANE PUBLISHING Co. (1993). *Iluminación Residencial*, México, Trillas.

LESUR, LUIS (1992). *Una guía paso a paso (Manual de Instalaciones Eléctricas)*, México, Trillas.

NAVES RUIZ, JUAN (*Black & Decker*) (1994). *Instalaciones Eléctricas Básicas (Mantenimiento y reparación)*, México, Limusa.

SAFFORD JR., EDWARD L. (2000). *Instalaciones eléctricas e iluminación para hogares y oficinas*, México, Limusa.

SECOFI (Secretaría de Comercio y Fomento Industrial) (1999). *Nuevas normas técnicas para instalaciones eléctricas y reglamento*, México, Ed. Libros Baratos.

PANDO ORELLANA, NORA LUISA (SUNSET) (1993). *Iluminación residencial*, México, Trillas.

PLAZOLA, ALFREDO (1991). *Normas y costos de construcción*, México, Limusa, volumen 2.

Reglamento de Construcciones para el DF. (1999). Artículos del 165 al 171, México, Editorial ALCO.

TRAISTER, JOHN E. (1984). *Instalaciones y Reparaciones Eléctricas Prácticas*, México, Editores Mexicanos Unidos.

URIEL, ROBERTO (y otros). *Gran libro de bricolaje*, Madrid, España, Susaeta Ediciones, s.f.e.

WESTINGHOUSE (1989). *Manual de Alumbrado*, 4ª edición, Ed. Dossat, Madrid, España.

Internet

http://www.abrahamwatkins.com/CM/Espanol/Electrocucion.asp 09/nov./2007

http://www.msd.com.mx/publicaciones/mmerck_hogar/seccion_24/seccion_24_278. html Noviembre 01 de 2007 http://www.oregon.gov/PUC/spanish/safety_sp.shtml Noviembre 01 de 2007

http://www.cmic.org/cmic/saladeprensa/Ako2005/ConvPemex.htm Noviembre 01 de 2007

http://www.raulybarra.com/notijoya/archivosnotijoya5/5seguridad_electricidad. htm 09/nov/2007

Made in the USA
Las Vegas, NV
25 March 2024

87716016R00111